让心灵的黑夜变得明亮起来

本丛书是一套专门给12岁到18岁这个年龄段的青少年阅读的人生励志及人生哲学图书。旨在帮助青少年成为人格独立、品德高尚、心理健康、思维活跃、情感丰富、全面成长的阳光公民。

一

我们精选了30个能体现现代人生哲学和青春密码的汉字，围绕每个汉字，从中外有真情实感、意味隽永的小品文中选编了能体现、说明这个汉字内涵和外延的文章，从不同层次、多个角度来阐述和探索我们所思考的主题。

丛书共分感动卷、青春卷、智慧卷三个系列。

感动卷包括“家”“恋”“爱”“惜”“念”“生”“仁”“禅”“励”“悟”。从情感入手，探索人性的表象和内在，感知社会表象下面的真实存在，梳理人与人、人与事之间的各种关系，给社会转型时期形成的很多人生疑问和困惑一个简单、清晰、正确的目标和方向以及一些基本的原则，帮助我们构建善良、友爱、真诚的情感世界。

青春卷包括“缘”“恒”“砺”“慕”“志”“惑”“奋”“怅”“蜕”“狂”。从人格成长的角度出发，结合我们成长过程中遇到的各种社会难题，突出青春的张力、生命的激情，让自尊、独立、坚韧、友爱这些公民在现代社会中所必须具备的品格清晰化、明确化，在心灵层面上剖析生命的真实价值，滋养、构建当下青少年更加积极、坚韧、博大的人格世界。

智慧卷包括“善”“因”“容”“追”“新”“勤”“舍”“谦”“和”“勇”。从人的智慧启迪这一角度出发，突出当下人们所经常面对的热点问题及由此衍生出来的智慧和人生哲学。人生处处有智慧，每个人、每件事因智慧的存在而变得可爱和美好，点点滴滴的智慧可以美化当代青少年的心灵。

二

本书所编选的文章，大都比较短，但意蕴深长，阅读的引导和感悟简洁，适合青少年阅读。

本书所选文章的作者，有中国的，有外国的，有的声名远播于世界，有的著名于一国。有的像隐士，名气不十分大，但却如一盏灯，在自己居住的城市或乡村，在生活和工作中耕耘思想，用思想中的光亮和温暖去影响着周围的人。可以这样说，所有的作者，都是思想者，是光明的传播者，他们无一例外都在探索人类心灵的世界，把真善美的光明传递给我们。

我们特意在每本书中选编了几首诗歌，诗歌是人类思想的灵魂，读一首清新隽永的诗，可以让你的心灵增加一份美丽。

三

读书可以让心灵的黑夜变得明亮起来，读书可以让夜行人看见天边的北斗，读书可以让远航的船只看见灯塔！当生命纠结得一塌糊涂时，读书可以让人清醒，让人振奋！

从青春年少到疲惫的暮年，你所向往的足以让你心灵宽慰、满足、惬意的神奇的地方，就在你的心灵里，当你的心里充满了阳光，当你的心灵因为到处是光明而没有遮碍，那些有形无形的墙就自然消失了，那些原本出不去的城堡，也就会有了向你敞开的大门！

这时，你就可以听见世间万物的低语，他们如大地上的风，在四季，在任何地方，从任何方向，向你诉说着他们心底里珍藏的声音……

主编：严文科

你生来就是别人的天使

主　编：严文科

副主编：王小丹　李雁彬　习一帆

编　委：习一帆　李雁彬　李小成　白　雪　闻　兰
张贵子　杨　虎　李　刚　安增红　白文芳
王永华　严娟娟　王小丹　程　敏　张艳青
周玉倩　马中武　索木东　王　峰　王晓敏
杨　梁　李晓龙　刘燕呢　何　涛　祁再彬
赵　德　赵国三　石泉新　朱秀红　李　强
张　燕　刘　燕　郑秀芹　北　方　刘　兴
吕成武　国　辉　孙玉凤　李静美　程学峰
赵　新　苏启明　于连成　王茂胜　张宪成
金国良　白辛农　左鸿存　左文开　罗　云
刘志刚　祁何娜　王旭日　李长河　吴丽丽
张倩茹　马　悦　段德虎　孟志成　陈宝军
刘孟德　鲁建德　祁晓静　毕玉华　梁美桐
王俊峰　崔欣鑫

长江出版传媒 | 湖北教育出版社

(鄂)新登字 02 号

图书在版编目(CIP)数据

你生来就是别人的天使/严文科主编.
—武汉:湖北教育出版社,2015.6(2021.4 重印)
(心灵物语)
ISBN 978-7-5351-9736-8

Ⅰ.你…
Ⅱ.严…
Ⅲ.阅读课-中学-课外读物
Ⅳ.G634.333

中国版本图书馆 CIP 数据核字(2015)第 065305 号

你生来就是别人的天使 NI SHENG LAI JIU SHI BIE REN DE TIAN SHI

出品人 方 平
责任编辑 陈 浩　　责任校对 刘慧芳
封面设计 牛 红　　责任督印 张遇春

出版发行 长江出版传媒 430070 武汉市雄楚大街 268 号
湖北教育出版社 430070 武汉市雄楚大街 268 号
经 销 新 华 书 店
网 址 http://www.hbedup.com
印 刷 湖北恒泰印务有限公司
地 址 武汉市江夏庙山开发区汤逊湖工业园
开 本 880mm×1230mm 1/32
印 张 7.25
字 数 166 千字
版 次 2015 年 6 月第 1 版
印 次 2021 年 4 月第 3 次印刷
书 号 ISBN 978-7-5351-9736-8
定 价 17.80 元

版权所有,盗版必究
(图书如出现印装质量问题,请联系 027-83637493 进行调换)

c o n t e n t s

第一辑 / 感谢我们成长过程中的那些阳光雨露

第二辑 / 是谁用温柔的手扶正我们稚嫩的枝干

第三辑 / 那伟岸的身躯为我们撑起一片天

第四辑 / 让关爱滋养善良的种子

第五辑 / 伴随着我们成长的那些真知和体悟

第六辑 / 永远怀着赤子的虔诚

第七辑 / 展开稚嫩的翅膀在风雨和阳光中飞翔

第八辑 / 在不断的省悟中我们终于长大

第一辑

·感谢我们成长过程中的那些阳光雨露

当我们迷茫和失望时，一句见解不同的话可以将我们从沉沦中打捞出来，让我们的生活从此充满阳光。

我们出生在什么样的家庭是无法选择的，但我们可以选择不一样的未来。

因为这个世界不仅仅只是你一个人，这个世界很大，心里装着的不仅仅是一个人的世界时，世界才开始变得光明和温暖。

孤独、自卑、无助，在每个人的花季的岁月，或多或少都有所经历。

因为那时，那个无助的心灵是封闭的，世界就是自己，自己就是世界，一个人的世界是多么的难熬哇！

直到我们能够敞开心扉，把紧闭的心锁打开，看到这个世界里有好多和自己一样的人，他们和自己一样孤独、自卑、无助，他们和自己一样，渴望有“天使”来守护！

心灵佳句

傻孩子，你为什么要哭呢？你之所以说话不太流利，是因为你那聪明的大脑比你的舌头转得快得多！你应该为自己骄傲才对。

为他找一个完美的理由，维护他的自尊，提高他的自信，使得口吃没有阻碍他前进的脚步，并最终能够取得令人瞩目的辉煌成就！

为自尊找个完美的理由

张振旭

有位小男孩患有难治愈的口吃症，每次说话都会招来同学们的嘲笑，这给他幼小的心灵蒙上了厚厚的阴影。

一次，他点了一份吞拿鱼三明治，结果餐厅服务员却给他拿来了两份。原来他把“tunasandwiches”说成“tu-tunasandwiches”，服务生误以为是“two-tunasandwiches”。这一结果引来了不少同学的围观，有个同学甚至揶揄他道：“你的语言表达能力太有魅力了，居然能享受到两份吞拿鱼三明治的待遇。”说完，哈哈大笑起来，同学们也附和着哄堂大笑。小男孩当时羞愧难当，面红耳赤。

放学回家后，小男孩哭着对母亲诉说了学校的事情，并发誓说：“我再也不上学了！再也不要听到同学们的嘲笑了！”看着泪流满面的儿子，母亲无比心疼，但她一丁点儿也没有表露出来，相反，还故作轻松地哈哈大笑。她边笑边摸小男孩的头说：“傻孩子，你为什么要哭呢？你之所以说话不太流利，是因为你那聪明的大脑比你的舌头转得快得多！你应该为自己骄傲才对。”

听了母亲的话，小男孩信以为真——他破涕为笑了。

二十多年后，小男孩获得了伊利诺伊大学工程博士学位；45岁时，他成为美国通用电气公司有史以来最年轻的董事长和首席执行官。他就是杰克·韦尔奇。

童年的挫折与沮丧，原本极有可能造成一个人沉沦或颓废；但幸运的是，韦尔奇有一位智慧的母亲，在他受打击和退缩的时候，懂得为他找一个完美的理由，维护他的自尊，提高他的自信，使得口吃没有阻碍他前进的脚步，并最终能够取得令人瞩目的辉煌成就！

如此说来，不管什么时候，只要是为了孩子的自尊和自信，我们都应该极力维护孩子，就像韦尔奇的母亲那样，找一个完美的理由。

感动微信

我们很难想象，如果孩子在受到伤害之后辍学了，他以后的日子会怎么过？自暴自弃，成为社会的累赘？怨恨社会，成为报复社会的隐患？还好，他有一个内心敏感、懂得呵护孩子自尊的母亲。有这样一个母亲，儿子的成长是安全的，即使辍学了也不怕。

如果孩子觉得自己比不上他的兄弟姐妹或同龄人，那么孩子需要你的正确引导，你应当着重指出他的某一强项或者优势。这能帮孩子认识到，尺有所短、寸有所长，每个人都应如此。

给儿子的自尊找个完美的理由，儿子就能给自己一个完美的人生；给朋友的自尊找个完美的理由，朋友就能温馨的完成一件事情；给失败者一个完美的理由，失败者就有了一次东山再起的雄心。

（刘光）

心灵佳句

这个微不足道的小数字，对一个孩子来说，也许是100分的理解、100分的鼓励、100分的力量，也许能重树信心，组合成拯救和改变自身命运的动力。

0.5分的动力

钟志红

记得我21岁的那年腊月，接连几天的鹅毛大雪几乎让人出不了门，与往年同期相比，气温低了许多，也导致身为老师的母亲哮喘病复发。为了让孩子们在半年后的中考有上佳表现，母亲仍然坚持工作。

夜深人静，挑灯伏案。为了让母亲能早些休息，我当起了她的助手，每当她批改出来一份试卷，我便帮她统计分数，进度的确快了许多。

当我手里统计出一份只有59.5分的试卷时，心存惋惜。不会这么巧吧，我又重新核算了一次，可还是这个分数。正当我准备用红笔在卷首如实画下分数时，注意到姓名一栏写着曲小彬的名字。我迟疑了，手中的笔没忍心落下……

曲小彬，一个个头不高的孩子，母亲曾带他来家里吃过几顿饭。曲小彬给人的感觉很内向，不肯多说话，特别是他那双孤狼冰刀般的眼神，给我留下了深刻印象。母亲说，自从两年前父母车祸身亡后，他判若两人，不再活泼阳光了，学习成绩也一泻千里……我不知道对于一个15岁的少年来说，过早缺失家人的温暖，又面对人生的挑战，心理压力未必是成年人能承载的。我心存怜悯，感到手中的红笔格外沉重，它似乎呼唤出了很多需要表达的颜色。

瞬间，我不假思索地写下了“60”的数字。为了不显出破绽，我悄悄在一道0.5分的题上填写了正确答案。

第二天母亲回到家后，满脸的兴奋，如同她的老毛病彻底治愈般。她对我说：曲小彬疯了，他拿到试卷时在雪地里围着校园蹦跳，整整半晌也不肯歇着，哭笑中吼着同样一句话：“妈妈——爸爸——告诉你们一个好消息，我考及格了！”我也为曲小彬暗暗高兴，把由衷的喜悦埋在心里。

几个月后，曲小彬出人意料考了高分，被市里的重点高中录取。三年后，他顺利地考取了一所北京的名牌大学，又是三年后，在他还没毕业前，一个全球知名的外资公司向他递来了橄榄枝。接着，曲小彬先是出国深造，后来回国成为这家外资公司在中国市场的首席执行官，人生之路顺畅得完全可以用一蹴而就来形容。

曲小彬的一番成就让母亲退休后还津津乐道。毕竟，她一生中所教授出来的学子莘莘芸芸，可像曲小彬这般后劲勃发的还是寥若晨星。已是成功人士的曲小彬特别感激母亲，除了平日里的书信和电话外，每年春节，他都会携一家老小来看望母亲，他们共同追忆和沉浸在那次“60分”带来的欢乐中。

这么多年过去了，我不忍心道出实情。我想到，不知还有多少孩子渴望得到这么一个不真实的0.5分。这个微不足道的小数字，对一个孩子来说，也许是100分的理解、100分的鼓励、100分的力量，也许能重树信心，组合成拯救和改变自身命运的动力。

感动微信

气可鼓而不可泄，鼓励和赏识可能会改变一个人的命运。仅仅0.5分的差别，就会造就两种人生道路，这时候，一个充满爱心的老师手中的红笔是沉重的，一念爱心可以创造一种新的可能。

在我们的成长中，0.5分的鼓励，可能产生一百分的动力！

任何人都希望得到别人的认可和赏识。青少年是自尊心和自我意识强烈的时期，心思敏感，渴望成功，更需要外界的正面鼓励。

在欧美电影中，“坏人”几乎都有童年阴影。他们没有得到足够的爱，没有得到过鼓励和赏识，从而压抑了心中的美好。这是西方教育的理解，我们也能从中得到借鉴。

理想的教育是永不对孩子失望，“决不吝啬自己的表扬和鼓励”。每个人都是一座丰富的矿藏，具有独一无二的闪光点。多一分的鼓励，就是多十分的自信，就是多一百分的自我开采。或许只是一次赞扬，他们就是下一个成功者。

（焦燕）

心灵佳句

老师和同学们都说我是最棒的拉拉队员，还选我担任了拉拉队的队长！

脸上泛起了笑容，眼里却渗出泪水。

我也参加了体育会

陈亦权

“你今天大概什么时候回家？”艾莉一边收拾着盘子，一边问安迪。

“妈妈，要不是有两节课要上，我真的不想去学校！”安迪往桌子中间推了推早餐盘，抹抹嘴巴说：“妈妈，我去了。”艾莉点点头，站起身来，推着安迪的轮椅来到院子门口，然后目送他往学校的方向缓缓而去……

今天，艾莉的心里特别难过。她难过的并不是安迪坐在轮椅上还要自己去上学，从二年级开始，几年来，只要天气正常，安迪都是自己去的。她难过的是下午学校要开体育会。上午只上两堂课，最后一堂课用来挑选选手。艾莉知道，任何的体育会都不会有安迪的份，在挑选选手的时候，安迪一定会特别沮丧。

“可怜的孩子！”艾莉转身回屋。她可以鼓励安迪用功读书，但无法鼓励安迪跑得更快或者跳得更高，因为安迪的腿天生就残疾。艾莉心里一酸，长长地叹了一口气。

艾莉洗了碗，然后走进她的画室，继续创作昨天没有画完的油画。不知不觉，两个小时过去了。“安迪应该快回来了吧！”艾莉一边喃喃自语一边继续画着画。墙上的闹钟“嘀嗒嘀嗒”地走着，十分钟、二十分钟、半小时……一直到了吃饭的时候，安迪依旧没有回来。

“他或许是在学校里吃了午餐再回来吧！”艾莉停下手中的笔，走进厨房开始为自己做午餐。

吃了午餐后，安迪还是没有回来。“这孩子怎么了？为什么还不回来？难道学校取消了体育会，正常上课了？又或许，他在下一分钟就到家了吧……”艾莉回到画室，一边继续创作一边等着安迪回家，可是直到下午，安迪还没有回来。

艾莉开始感到不安，就起身去学校接他。“希望不会发生了什么事！”想到这里，艾莉不禁加快了脚步。到了学校门口，刚好是放学时间。学生们推着自行车从学校里出来。安迪在人群中，满脸笑容地转动着自己的轮椅，他很快就看见了艾莉，大声地喊了起来：“妈妈！妈妈！”

“安迪，你为什么到现在才回家？今天的体育会取消了吗？”艾莉跑过去，蹲在安迪的轮椅前问。

“开了！我也参加了体育会！”安迪高兴地说。

“你……可是你能做什么呢？”艾莉好奇地问。

“你猜！”安迪卖着关子说。

“跳高？不可能！跳远？也不会！跑步？更加不行！”艾莉站起身来，一边推起安迪的轮椅一边更加好奇地问，“孩子，老师到底让你做什么呢？”

安迪笑着说：“上课结束后，我对老师说我什么都不会，就想回家，可老师叫我留下，他让我喊几声‘加油’给他听，让我鼓几下掌给他听，我心想别的事情我不会，但这两件事情我会，既然我会做就一定要做得很好，于是我就用力地喊加油，用力地鼓掌，结果老师和同学们都说我是最棒的拉拉队员，还选我担任了拉拉队的队长！”

安迪一边说着，一边还在轮椅上演示了起来：“妈妈，就是这样，加——油——，加——油——”

安迪摇头晃脑地喊着，艾莉在背后看着他，脸上泛起了笑容，眼里却渗出泪水。

感动微信

文中的“母亲”为儿子安迪担忧、关爱之情表达的如此深刻，如安迪回家的时间过了却迟迟没有回来，“母亲”心神不宁，坐立不安，异常担心。爱子之心，溢于言表。

文似看山不喜平。当妈妈疑虑重重地赶往学校，见到的却是高兴、欢快的安迪，当知悉儿子参加了学校体育会，还担任了拉拉队的队长，母亲心酸的长叹变成了脸上的笑容，眼里的泪水。

故事告诉我们，母爱不单单表现在疼爱和关心上，更在乎孩子的快乐、成长和希望。文中的那位老师能够体会残疾学生的内心感受，积极鼓励，从而使他得价值得到认可，这样的老师也是伟大的。

（王继德）

心灵佳句

苏为穿好衣服，在客厅换鞋的时候，苏母冲着苏为打手势。苏为抬头看着母亲，将母亲的手势重复了一遍：伸手指指自己，然后，右手摊开成布，左手捏成石头，随即，布在石头上方旋转，最后，指向苏母。母子俩相视而笑。我却糊涂了。

你是石头我是布

顾亚红

那个上午，苏为的座位空了两堂课。苏为很怪异，总是独来独往，浑身带刺，又浑身披着铠甲。有一回，我无意间发现苏为的语文课本里，写着这样的一句话：我就是铁桶江山，谁能攻进我的城池？

发生什么事了呢？翻找通讯录里苏为家的信息，电话那一栏，空着。好在，有家庭住址。

是个偏僻的居民区。我找了很久，终于摸到了苏为家的门。顶楼，楼里没电梯，门上没门铃。我敲门、喊门，都没人应。怏怏下楼，却发现了苏为的自行车。苏为应该在家的呀！我重又爬上顶楼，徒劳。后来，我发现自己就像一条疲惫而敬业的警犬，在小区里四处寻找开锁的师傅。因为我怀疑，苏为一家是不是煤气中毒了？

就在我焦头烂额的时候，我看到了放学回来的一非。一非和苏为是邻居，都在我班上。一非站在苏为家的后窗下，扯着嗓门，喊苏为。终于，在一非的嗓子快要喊破的时候，窗边出现了一个人的影子。

这是我第一次见到苏为的母亲。这个清瘦的中年女人打开门，一脸的焦灼。我也顾不得礼貌，语气很冲地说：“我都快急死了，我敲半天的门，你们都没长耳朵呀？”苏母似乎很委屈，一句话也不说，手足无措地将我领到苏为的小房间里。

苏为躺在床上，很虚弱地说：“老师好。”我摸摸苏为的额头，滚烫。我便又语气很冲地对苏母说：“有你这么当妈的吗？苏为都发这么高的烧，你也不晓得带苏为去看医生？”苏母仍不做声。苏为挣扎着坐起来，说：“请别怪我妈。是我自己不愿意去医院。我从小就不愿意去医院。”我问：“为什么？”苏为缩进了被子，说：“老师，能别问吗？”我说：“可以。可是，你不去看病，我又怎么能放心呢？”苏为把头探出来，说：“没事的，躺半天就好，从小就这样，不妨事的。”

我只好退出苏为的房间。正准备离开，衣角被苏母拉住了。我问：“什么事？”苏母的眼泪含在眼里，手指着自己的嘴巴。我愣了一会，然后，恍然：“你也感冒失声了？”苏母不答，仍是一脸焦灼。我灵机一动，从包里掏出纸笔，写：“会写字么？”苏母拍一拍自己的头，写：“会。”我写：“有什么需要我帮忙的，说。”苏母写：“帮我说服苏为，去看病。发这么高的烧，我怕。”我写：“我可以试试。”

我重又回到苏为的房间，将苏为的被子掀开：“苏为你听好了，你妈为了你，都急得失声了，你要是也想把我急出什么毛病来，你就继续躺着。否则，快点跟我下楼，我带你去医院。”苏为张了张嘴巴，想说什么，却终于没说。

苏为穿好衣服，在客厅换鞋的时候，苏母冲着苏为打手势。苏为抬头看着母亲，将母亲的手势重复了一遍：伸手指指自己，然后，右手摊开成布，左手捏成石头，随即，布在石头上方旋转，最后，指向苏母。母子俩相视而笑。我却糊涂了。

苏为说："老师，其实，我一直没告诉你，妈妈三岁那年，因为发高烧，被庸医错用了抗生素，从此，妈妈就成了一个聋哑人。这也是我一直抗拒医院的原因。今天会破例，因为我不忍心让妈妈为我担心。还有一个重要的原因，老师，你是我上这么多年学以来，唯一一个到我家来家访的老师。老师，我有个要求，我不想让大家知道我妈是个聋哑人，可以吗？"我说："当然。"

苏为就调皮地在楼梯口站定，将出门前和妈妈做的那套动作，对着我又做了一遍。然后，苏为问："老师，你知道这套手语的意思吗？"

我笑了。我学着苏为，将这套已经看过三遍的手语，也做了一遍。苏为也笑了。苏为很乖顺地随我去了社区医院，拿了药，打了针。毕竟年轻，第二天，就精神饱满地坐到了教室里。

苏为慢慢地合群了。当然，苏为仍会犯错误。每当苏为竖起满身铠甲的时候，我就会将苏为喊到办公室，对着苏为比画石头布。然后，苏为就会咬牙说："老师，我改。"

三年后，苏为说："老师，我考上了大学，可是，学费太贵，我放弃了。我在肯德基打工，准备给自己赚点钱，然后，去北京，学影视后期制作。"我去苏为打工的那家店看过，苏为满脸阳光，在店里穿梭。又过了三年，苏为QQ我，说自己已经去了北京，但除了妈妈，家人都不支持，所以，他的积蓄，在交了学费后，已经所剩无几。苏为给我看自己初期的作业，我看不懂，可这有什么关系呢。我就那么开着电脑，跑去附近的银行，给苏为汇去了一笔钱。钱不多，但至少能解苏为的燃眉之急——这孩子，窘迫得快连饭都吃不起了。

如今的苏为，在北京已经基本站稳了脚跟。每逢我在QQ的签名档里挂上“今日郁闷”“受打击了”，苏为就会点开QQ视频，对我比画石头布。从前，我是温暖苏为这块石头的布，而现在，苏为，成了驱走我心头阴霾的阳光。

那套手语，所表达的意思，我想，大家可能已经猜出来了，是“我爱你”。

感动微信

那些行为怪异、性格孤僻的孩子，可能在内心承受着难以言说的伤痛或隐秘，细心的老师用真诚和行动化开了学生心中的结，从而使他成为一个健康的人。

学会尊重他人，无论他处于什么状态，也无论你处于什么位置。也许，在你的身边就存在这样的人，大家会熟视无睹，认为他不会有什么作为。但，你可知道，当初比尔·盖茨从大学退学后，有谁会想到他有今天的成就，学会尊重他人吧！

学会关爱身边的人，不只是你的父母，包括陌生人。虽然现在社会上有很多人看见摔倒的老人不敢扶，但毕竟这个社会还是好人多。我们应该从自身做起，虽然我们左右不了这个社会，但只要做好我们自己就行！

（刘旭杰）

心灵佳句

总该有人去当天使的，对吗？而我，生来是别人的天使，我甘愿这样做，这是我的使命。

你生来是别人的天使

古保祥

她从小失去父母的关爱，被寄养在姑妈家里。姑妈好赌，将一个好端端的家搞得四分五裂，在生活捉襟见肘、万般无奈的情况下，姑妈为了减轻自己的负担，将她狠心地送到了孤儿院。从那时起，她成了一个无家可归的孤儿。

在孤儿院里，她养成了内向孤僻的性格，从不与人为伍。由此，她便常常成为旁人欺负的对象。每逢受尽苦难时，她总会将自己锁在屋子里无声地哭泣。她愤世嫉俗，恨命运的多舛和不公。弱小的内心深处，每每有不安和不快伴随着她。她常常想到死，想到父母临死前紧紧抓住自己双手的样子。

那一天，她一个人躲在不为人知的角落里玩耍。她的手上有一本可爱又好看的书，那是孤儿院门口一位卖雪糕的老奶奶送她的。她爱不释手地欣赏着，丝毫不知有人已经觊觎了好久。一双阔大的手伸了过来，一个好强的男孩子，抢走了她的书，没有给她任何反抗和挣扎的机会，她甚至没能看清楚他的脸。

她沿着孤儿院门口一条崎岖不平的道路，艰难地漫无目的地向前走着。前面是一座教堂，她不知不觉地进入了教堂深处。在那里，两位妇人正在讲故事，只听一位妇人说道：“每个人身边都会有天使保护自己的。”她大声反驳她们的话：“不，没有的，没有天使在保护我，如果有的话，我不会被别人欺负的。”

老妇人过来看着她，拉着她的手，替她揩干了脸上的泪水，轻轻地说：“孩子，那是因为你生来是别人的天使。”

突然间，她发现她的整个世界发生了翻天覆地的变化：漫无边际的阳光洒满了她的全身，她感到整个世界都在唱着关于爱的赞美诗和交响乐。从那时起，她变得豁然开朗起来。

在以后的日子里，她变得与人为善，常常主动与人交际，帮别人所需。

她常常对自己说：“总该有人去当天使的，对吗？而我，生来是别人的天使，我甘愿这样做，这是我的使命。”

她的脸上绽满了笑容，好像藏了一整个春天。

感动微信

当我们迷茫和失望时，一句见解不同的话可以将我们从沉沦中打捞出来，让我们的生活从此充满阳光。

我们出生在什么样的家庭是无法选择的，但我们可以选择不一样的未来。

因为这个世界不仅仅只是你一个人，这个世界很大，心里装着的不仅仅是一个人的世界时，世界才开始变得光明和温暖。

孤独、自卑、无助，在每个人的花季岁月，或多或少都有所经历。

因为那时，那个无助的心灵是封闭的，世界就是自己，自己就是世界，一个人的世界是多么的难熬哇！

直到我们能够敞开心扉，把紧闭的心锁打开，看到这个世界里有好多和自己一样的人，他们是和自己一样孤独、自卑、无助，他们和自己一样，渴望有“天使”来守护！

那么，就让自己来做“别人的天使”吧，因为我已经足够自立、自强和温暖！

不是每个人生来都能得到天使的眷顾的，当我们不能被天使眷顾的时候，就让我们成为别人的天使好了！被天使眷顾到，因为你是弱者；成为别人的天使，你就是强者！

（严文科）

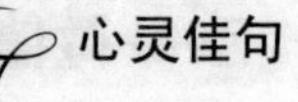

心灵佳句

你不要因为自己是一只鹰而感到羞愧！

不要为你是一只鹰而感到羞愧

曾 颖

大学毕业的时候，他被分配到很偏远的一座水电站工作，这里离最近的一个小镇有二十多千米，电站内部食堂、小卖部、幼儿园样样都有，自成一个小社会。

电站有正式员工一百多名，加上家属和小孩，共有五六百人。在这个偏远而封闭的小社会中，男人女人们热衷于打麻将和讲一些飞短流长的事情，让他觉得有些格格不入。

他喜欢看书，喜欢听外国音乐看欧洲影碟，每次进城都会买些新书和碟片回来。这让别的同事们感觉不可理喻，他们说：每天打麻将的时间都不够，还有时间看书？电视里演不完的电视剧，还花钱买碟，真是钱烧的！

如果分歧仅止于这些的话都要好些。问题就在于，长年生活在山里的老工人们又异乎寻常的热情，他们常会快乐地来到他寝室门口喊：“打麻将？三缺一！”

“我套了只野狗，来喝口汤？”

“别看书了，喝酒去！”

打麻将、吃狗肉、喝酒都是他不喜欢的。他更不喜欢的是在干这些事情时，人们叼着烟卷、打着赤膊、乌烟瘴气地讲笑话。最初去过几次，因为受不了烟熏火燎的刺激，心中恐惧，后来渐渐找理由不去了。这就变成了不合群、傲众、瞧不起人。在这小山沟里，背上这样名声的人通常是惹人厌恨的。因此，他的工作和生活就不那么顺利了。人们渐渐对他开始怀有敌意，在一个充满敌意的环境中，随时面对别人的刁难和苛责，让他觉得生活没有任何趣味，受挫折感极其强烈。

为此，他绝望得想发疯。他给上大学时的老师写了封信，讲述自己的苦恼。他说，在他生活的空间里，他与别人从内到外都不一样，周围的环境和事物的运行规律与他理解的完全不同，他感到很无力，不知该怎么办？究竟是委屈自己，放弃自己所拥有的一切，去向自己并不认同的周边环境看齐；还是坚持自己所喜爱的东西，我行我素，旁若无人地走下去？

很快，老师回信了，信上是一个故事：

从前，有一只鹰蛋不小心落到了鸡窝里，被当成鸡孵了出来，从出生那天起，它就与鸡窝里的兄弟姐妹们不一样。它没有五彩斑斓的羽毛，不会用泥灰为自己洗澡，不会三喙两嘴就从土里掏出一只小虫来。矮小的鸡窝总是碰它的头，而鸡们总是笑它笨。

它对自己失望极了，于是跑到一处悬崖，想跳下去，结束自己的生命。但当它纵身跃下的时候，本能地展开翅膀，飞上了云天，它才发现，自己原本是一只鹰，鸡窝和虫子不属于它。它为自己曾因自己不是一只鸡而痛苦的往事感到羞愧……

你不要因为自己是一只鹰而感到羞愧！

老师的信末尾是这样写的。

他看了这封信，心中豁然开朗。他不再因为周围的人的不认同而痛苦绝望，甚至扭曲自己。他继续读书，并在两年后顺利考上研究生，后来，成为一家外企的经理。老师信末尾的那句话，成为他一生的座右铭。

感动微信

庸常而平凡的日子，世俗的评价往往会让我们的理想无处安身，不必抱怨命运滑稽的安排，不为外界所动，精心磨砺，终有一天你会展翅翱翔在属于自己的一片天空。

不要因为自己是一只鹰而感到羞愧！

不要因为自己与众不同而畏缩，也不要因为自己木秀于林而痛苦，因为上帝创造人的时候，就是各种各样，也自由自在。

世界上的万事万物都有自己的准则，没有生活的一致标准和统一尺度。别人的生活只是自己的参照，而绝非模仿的样本。我们无论在哪个领域表现出来的卓尔不群，都是自己内心的才华与火焰，而身边那些琐屑与平庸，只是上帝的考验和磨炼，自己杯子内的咖啡终究只有自己品味。

（李金光）

心灵佳句

为什么栀子花普遍为人喜爱，只有一个理由，因为它绝不妄想玫瑰花般的香味。

懊悔的玫瑰

［黎巴嫩］米哈依尔·努埃曼　祁红（译）

少女赛玛拉脸上带着羞涩，伸出她那柔嫩纤细的手去采摘一朵玫瑰花。这朵花和赛玛拉绯红的脸颊一样绚丽。

可她刚掐住玫瑰花枝就尖叫着跳了起来。赛玛拉疼痛地抖着手，手指被刺起一个紫红的血泡。珍珠似的眼泪滚落在她的脸蛋上，赛玛拉用手绢擦着血嘟哝着："玫瑰花，你真坑人！"然后捂住手指哭泣着走了。

玫瑰花很难过，花瓣失去了鲜艳。她伤心地喃喃自语："大自然哪，我感谢你，你给了我秀美的花姿，给了我馥郁的芬芳，可你为什么又在我的树枝上装饰这么多像野猫爪子一样伤害人的刺呢？我不愿意做一朵让人讨厌的花，我不愿意……"清晨，当玫瑰树醒来的时候，玫瑰花还在悲伤。玫瑰树感到自己身上有些变化。她摸摸花朵，没有变化；她又抚摸枝条，使她兴奋的是她已经没有刺了，就像茉莉花的枝条，光滑柔软。

玫瑰树在淙淙的溪水和沙沙的微风的伴随下摇摆翩翩。

这时一个小牧童赶着几只母山羊去牧场路过这里。几只小羊羔咩咩地欢叫着，跟在后面。

羊群突然奔向玫瑰树……贪婪地吞吃玫瑰花……无情地践踏树枝……小羊羔也从母羊身后窜到前面，叼咬残存的花蕾，边嚼边用小腿乱蹬。随后，在小羊倌粗犷的吆喝声使得它们害怕时，羊群才继续上路。

太阳已经升起，蔚蓝天空的朵朵白云映在清澈的水面上。

玫瑰树和往常一样，把自己的身影倒映在清澈见底的溪水里。她看见什么了？玫瑰树看到自己已是一身秃枝，只幸存些残花败叶。此时她才领会到大自然的睿智。

是的，大自然赋予玫瑰沁人肺腑的芳香和令人陶醉的色泽；并且为了保护这馥郁的芳香和捍卫这迷人的色彩免遭侵害蹂躏，又赋予玫瑰那野猫利爪似的尖刺。

人在品格修养上，必须从花朵学得教训。为什么栀子花普遍为人喜爱，只有一个理由，因为它绝不妄想玫瑰花般的香味。

感动微信

金无足赤，人无完人。

玫瑰花既希望拥有香甜的味道，又不想拥有伤人的刺，最终只是被那些羊们践踏得只剩下残花败叶。玫瑰花终于明白了，它不可能做到十全十美，如果没有了刺，也许人们会更喜欢它，但是它自己也更容易受到伤害。

人也是如此，无法面面俱到，让所有人都喜欢自己是不大可能的。心中保持一个信念：只要自己是对的，做的事情是有利于绝大多数人的，就不要去在意那些少数人的毁谤。也不要太过苛求自己，过于完美的人生，本身就是一种缺憾。

（左夏林）

心灵佳句

一个人，常忆滴水之情，常怀感恩之心，常行善良之举，这个世界将会鸟语花香，充满阳光。

感恩是场接力赛

李　远

1988年的深秋，寒意料峭，在西峡县一所高中内，他正利用周末如饥似渴地阅读名著。尽管关着门窗，但空荡荡的教室，让他感到格外寒冷，并隐约感觉到身体在不停地发抖。

突然，有人推门进来，原来是文友庞银成庄上的邻居。来人塞给他一件蓝色旧秋衣，刚抖开，一股酸臭的味道扑鼻而来，肩膀上还有一个拳头大小的破洞。“今天我来镇上办事，碰见庞银成在地里干活，庞银成二话没说就脱下穿在身上、也是他身上唯一一件秋衣，让我带给你。”听过这些话，他捧着这件秋衣，泪如雨下！

庞银成和他因文学结缘。当庞银成听说了他的家庭困难，被他不愿屈服命运的昂扬斗志所深深感动，并肃然起敬。当时庞银成已经参加工作，与通情达理的女朋友一起，每月从各自只有60元的工资中，拿出5元钱供他念书。不仅如此，庞银成经常给他带些窝窝头和蒸红薯之类的东西，让他偶尔打打“牙祭”。在他的心目中，庞银成不仅是文友，还是重情重义的好兄长。

庞银成对他的慷慨解囊，让他心中倍感温暖和动力，虽然自己穷困潦倒，但社会并没有抛弃他，还有像庞银成这样的人在帮助自己。为了心中的理想，高中毕业以后，他开过书店，做过编辑，经营过西峡土特产。五年前，回到家乡发展，投资建厂，带领当地百姓共同致富奔小康。

直到今天，当年庞银成送的那件秋衣，他一直珍藏着，这不仅是两人友谊的见证，还是温暖心头的珍贵礼物。早在组建公司之初，他就把庞银成聘为该公司基地部副经理，以报答庞银成对自己落难时兄弟般的真情。

感恩是场接力赛。学会感恩是品质，也是美德，更是传承。一个人，常忆滴水之情，常怀感恩之心，常行善良之举，这个世界将会鸟语花香，充满阳光。

感动微信

人生是一场长跑，感恩是一场场短促有力的接力赛，你我是手握接力棒的驿站，感恩的路上，每一次的停歇，每一次的传递，都因为一次次的相遇，让人生变得五彩斑斓。

忆滴水之情，怀感恩之心，感恩朋友，那些迷茫搁浅的日子陪伴你我左右；感恩师长，那些踽踽独行的日子指明前行的方向；感恩家人，给了永远无法言说的温暖。感恩身边的点滴，做一个心怀感恩的人，对一朵花儿微笑，对着阳光说一声问候，给予路人善良的眼神，给予朋友关怀的拥抱，给予家人一声亲切的问候。

人生路上，常怀感恩之心，就会活得充实而丰富。

（王迪）

心灵佳句

他感到从未有过的温暖正随着电波传送到他的身体。

他这一生都很珍惜和刘老师的这份牵挂，这是他们两个人之间心照不宣的秘密。

挂 念

路小远

他落榜了，他觉得别人都在嘲笑他，于是他离开了家到外面去打工，决定不再去读书了，决定和所有的人都断绝联系，静静地生活在一个全新的环境里。

直到有一天，他的父亲来看他，给他带来一份录取通知书，但不是理想中的大学，是一所专科院校。父亲什么都没说，只是将录取通知书轻轻地放在了他的床铺上，然后就准备回家。他默默地送父亲出门，这时父亲好像想起了什么，扭过头对他说："你不在家的时候有个老师给你打过一个电话。"

"哪个老师？"他学习平平，实在想不出是哪一个老师会如此挂念着他。

"她说她姓刘，是你的班主任。她还问你怎么不给她打一个电话，她不知道你考得怎么样？"

父亲走了，他一个人趴在床上禁不住哭了。他记得在放假前刘老师叮嘱自己，无论考得怎么样都给老师打个电话。他却没有打，只是因为自己没有考好，只是因为自己那可怜的自尊。他以为所有的人都不会惦记着他，没想到当他身处低谷的时候，深深挂念自己的不是最好的朋友，而是一个相处时间不长的老师。

于是，他在没人的时候，悄悄提起了电话，电话接通了，是刘老师的声音。他一时竟不知该说些什么好，感觉自己没脸见教过自己的老师，自己的成绩简直是丢他们的脸。但出乎意料的是，刘老师没有像别人那样对他冷嘲热讽，而是以一个过来人的身份帮助他分析现在读专科院校和辍学打工的利弊，他感到从未有过的温暖正随着电波传送到他的身体。

终于在暑假结束的时候，他选择去读了那所录取他的专科院校，尽管并不理想。他时刻谨记着刘老师的教诲，在读大学时他并没有像其他同学那样放松学习，而是更加努力地学习专业课程，经过3年的努力，他最终以优异的成绩顺利升本，毕业后找了一份收入稳定、工作环境优雅的工作。如果不是当初刘老师的那个电话，现在的他可能还在工地上做着没完没了的重复工作呢。所以，这些年他不管有多忙，都不会忘记在过节的时候，第一时间给刘老师送上祝福，这已成为他的一个习惯。

有一次，他给刘老师打电话，那天是她的生日，刘老师无限感慨地说："这么多年了，一直记挂着我生日的不是我的儿子，而是我教过的一个学生，感到遗憾的同时我感到很欣慰。真的感谢上苍，让我有你这样一个好学生。"

听完刘老师的话，他心中升腾起好多感触。因为他也一样感到庆幸，生命中能遇到这样一个好老师，要不是她，或许今日的他会是另外一番模样。所以他这一生都很珍惜和刘老

师的这份牵挂，这是他们两个人之间心照不宣的秘密。

感动微信

不要吝啬你的鼓励和关爱，也许你的一个电话、一句开导的话就可能改变一个人的命运。

恩师如父，从某种程度上看，老师对孩子的教育引导，比父母更有优势。《挂念》的主人公就是典型的例子。

他高考落榜，选择逃避，到外地打工，父亲送来大专录取通知书，带来关心她的老师的信息。满怀激动地打完电话后，他听从了老师的意见，继续求学深造。这改变了他的人生，找了一份收入稳定、工作环境优雅的工作。

可贵的是他不忘师恩，在过节的时候，第一时间给刘老师送上祝福，而且记挂着老师的生日，祝愿老师快乐。这份牵挂让人感动。

（王继德）

·是谁用温柔的手扶正我们稚嫩的枝干

在教育孩子的过程中，会遇到各种各样的问题，因为他们都没有受到过污染，还没有形成自己的人生观和价值观，正是需要我们加以引导的时候。作为父母和老师，更是要了解孩子的心理，他们虽然还是小孩子，却和我们一样，需要得到别人的尊重，需要被平等对待。不能因为他们小，就用强硬的手段逼他们就范，那样只会让逆反心理在他们心中滋生，不利于他们的成长。

心灵佳句

我们来到学校不仅仅是学习文化，还要学习智慧，学习好的品德，学习好的行为习惯等等。

在与敌人斗争中，需要机智；在社会主义建设中，需要机智；在灾难来临时，需要机智。

校长的悄悄话

范立志

下午最后一节课，课刚上一半，一位家长来找班主任阮老师。我见阮老师出了教室，便拿出毽子与同位小芳玩了起来。十来分钟后，本来关着的教室门，被风吹开了约两三寸宽。坐在教室第二组第一排的我，玩毽子玩得正高兴，突然发现门外人影一晃，阮老师来了！就在我一惊之时，阮老师也看见我在玩毽子。趁老师未进教室前那几秒黄金时间，我迅速把毽子藏了起来。

“把毽子拿出来！”阮老师逼近我，沉着脸说。

“没有毽子。”我声音低得只有自己听得到。

“没有毽子？我刚才明明看到你在玩毽子，你竟敢欺骗老师？”阮老师铁青着脸，严厉地说。

我低着头，不作声。教室里静得怕人，我听见自己急剧的呼吸声。老师见我没有反应，声音提高了好几度：“没听到吗？把毽子拿出来！”我依然没有拿出毽子，头埋得更低。我感觉到全班同学都望着我。

老师连问了两句，见我仍然没有交出毽子，也许实在是太火，便亲自搜查。可任凭老师搜遍了我的抽屉、衣服口袋，就是没有搜出毽子。“真是活见鬼了！”老师气呼呼地说，又搜查我的同桌芳，结果仍然什么也没搜到。

不知不觉，放学钟声响了。老师怒吼了一声：“其他同学放学，小娟和小芳留下！”

一道道目光从我身上扫过，一会儿，教室便空空的，只剩下阮老师、我和小芳。老师缓和了语气，动情地说：“小娟呀，我并没有批评你，也没有说要收缴你的毽子，只让你暂时给我，你为什么不肯拿出来？”

是呀，老师并没有批评自己不该玩毽子呀，也没有说要收缴我的毽子呀，为什么不交出毽子，而要与老师“斗牛”呢？我开始责怪自己最初藏毽子的鲁莽。拿出来吧？对，拿出来，交给老师！可就在我快要伸手拿出毽子的时候，我那不肯认输的牛脾气又上来了。就这样，我与老师僵持着。

天快要黑了，校长从校外回来，经过教室旁，发现了我们。她走进教室，问明了情况，批评了阮老师一句“把孩子留得这么晚”！然后和蔼地对我说：“孩子，快回家吧，再迟点，天就黑了！”我如释重负，飞一般地跑回家。

第二天早上，上完早操后，同学们都集合在升旗台下。这时，校长用目光在人群中搜寻着，不久，她把目光停留在我的脸上，她笑着向我点了点头说：“来，上台来！”

上台亮相挨批评？这下丢人可丢大了！我的脸一下子涨得通红，

感到头在不断地涨大，脖子上就像顶个谷箩似的又大又重，脑子里一片空白，我自己也不知道自己是怎样走上升旗台的。

“同学们认识她吗？”见我上台了，校长问道。

“认识。”同学们大声地说。

“她叫什么名字？”

“娟子。”

“大家知道我为什么把娟子叫上台吗？”

“知道。”我班的同学嘻嘻哈哈地笑着答道。

“知道我为什么把娟子叫上台？”

“亮相挨批！”又是一阵嘻嘻哈哈的笑声。

“不！你们都说错了。我把娟子叫上台，是要表扬她。”校长提高声音说。

表扬我？我丈二和尚摸不着头脑。

校长接着说：“昨天，娟子上课玩毽子，被老师发现了，她在两三秒钟之内，居然把毽子藏得让老师怎么也找不到，大家说该不该表扬？”

“该！”声音稀稀落落的。

“大点声回答！”校长大声地说。

“该！”这回，同学们声音非常地洪亮。

“同学们知道吗？我们来到学校不仅仅是学习文化，还要学习智慧，学习好的品德，学习好的行为习惯等等。昨天，娟子表现得多机智啊！同学们，在与敌人斗争中，需要机智；在社会主义建设中，需要机智；在灾难来临时，需要机智。机智是多么可贵的品质啊！来，聪明的孩子，让老师亲你一下。”校长蹲下身子，在我脸颊上深情地亲了一下。我再也控制不住自己，扑到校长的怀里，放声大哭。

校长拥着我，悄声对我说："孩子，我知道，你一定是把毽子藏在棉衣袖里，对不对？"我边啜泣着边使劲儿地点头。校长又小声地说："以后可不许与老师'斗牛'，只能更能干、更聪明，听到没？"我边抽泣边使劲儿地点头。

全校同学都羡慕地看着我，谁也不知道校长与我说了什么悄悄话，但校长的悄悄话却让我记得一生，受用一生。

感动微信

每个人都是有尊严的，文中的校长并没有因为孩子的牛脾气而和孩子斗气，而是用另一种温和而智慧的方式化解了这次危局。

文中校长的一席出人意料的夸奖和不为人知的悄悄话，让作者的尊严得到了保护的同时，还让作者意识到了自己的错误，这席话没有人听到，却让作者感激一生。

（左夏林）

心灵佳句

已经许多年了，我依然清晰地记得，那个平凡的下午，父亲用他的拥抱，原谅了一个少年受伤的心。

父亲的原谅

古保祥

从小起，我对父亲都有着一种恐惧的心理，主要是他对我太严格的缘故。在我的印象里，我从未在他的面前撒过娇，更不会像其他孩子一样敢扑在自己父亲的怀里。因此，我朦胧的记忆里，父亲对我一直就有着一种陌生感。

但有一件事情，一直藏在我的记忆深处。

那一年的期末考试，为了赢得那枚大大的让人眼红的奖状，我将自己关在家里准备了好长时间，准备的不是考试的复习资料，而是作弊用的东西。我把一些书的内容用剪刀裁了下来，把它们分别放在自己的袖筒里或者口袋里。这些，是那个年代的“流行色”。

考试那天，我完成得很成功。但就是在最后一门考试时，我的作为突然间东窗事发。主要在于我的同学出卖了我，我答得比较快，没有及时把答案传给他，他便把我供了出来。

在学校的操场上，一排作弊的学生在等着各自的家长来领。之前，我的邻居已经将我的事情告知了我的家人。只是我想着的是，正好母亲能在家里，这样子，就有了缓解之机。如果父亲在的话，免不了又是一顿臭骂，甚至会有一顿鞭子，因为这是父亲的一贯作风。

操场上已经没有几个人了，之前来到的几位家长，一过来不容分说便是对自己的孩子一顿猛揍，眼睛里到处都是血腥和恐惧的声响，仿佛那些就是我的前奏。

我把头低得不能再低了，脑子里一片空白，不知该如何向父母解释。我甚至在猜想着如果是母亲来的话，自己会有一个好的结果。

但事与愿违，父亲过来了。我明显听到了他的脚步声，那声音铿锵有力，如一枚战鼓在敲响着沉睡的大地，我感觉战栗在顷刻间光临了我的全身。

父亲命令我抬起头看他，我不敢抬，甚至低的更低。旁边一个声音提醒了我："孩子，你父亲是为你好，你要看着你父亲的眼睛。"

那声音是如此的熟悉，我抬起头来，才看清楚是我远房的一个堂叔。后来才知道，他正好和父亲一道下工回家，得知我的事情便一道前来。

在他的鼓励下，我抬起头看着父亲的脸。父亲的脸色铁青，就像家里大门的颜色一样古老和沧桑。我心里头想着，接下来肯定是一顿大骂，什么没出息了，给老子丢人了等等。或者是抬起手来，一个巴掌过后，我的脸上便会开出一朵小花来。这也许是对我最刻骨铭心的教训。

但是，就是那天，父亲却上演了令我感动一生的一幕：他猛地抬起手来。堂叔以为父亲要打我，便上来拦父亲的手，但父亲的双手突然伸了出来，一下子把我搂在了怀里，那一刻，我哭了，父亲也哭了。

后来，我才从母亲嘴里得知，父亲当时本来是要打的，想着给我个教训，骂几句踢几脚也就完了。但胳膊抬起来时，碍于堂叔的面子，却无论如何也下不去手，下意识地，却突然搂住了我。当时，父亲也觉得万箭穿心。

已经许多年了，我依然清晰地记得：那个平凡的下午，父亲用他的拥抱，原谅了一个少年受伤的心。

感动微信

父亲毅然举起的手没有落下，却出乎意料地搂住了儿子，一生严厉的父亲以原谅和宽恕感化和教育了儿子。

父爱如山，在这个世界上，父亲是对我们最宽容的人，也是对我们最疼爱的人，他给予我们战胜困难的勇气和力量。父亲是缔造我们人生的最重要的人，在我们的生命历程中，父爱不能复制也无可替代。不管我们走到什么地方都有亲情的牵挂、关心，不管我们犯了什么错误他们都可以原谅我们。父爱是严厉的，父爱更是宽容的、无私的。我们总是向他索取，却从不曾说谢谢，谢谢他为我们所做的一切，谢谢他用双手为我们撑起的一片晴空。

（张倩）

心灵佳句

换一种心态，换一种思考，你会发现其实自己很幸运，生活原来很美好。

只要有信心，你就永远不会挫败。

笑对人生

欧阳冰云

十年前，我在合肥一家私营企业打工，工资待遇十分的低，而且不提供住宿，只好到单位附近的南七里塘去租房子。

南七里塘有很多出租户，我约了一位上大学的老乡陪我跑了一天，最后租下了一间8平方米的小屋，因为租金很便宜，每月只要五十元，在我的支付能力之内。而且水电齐全，所谓水电齐全就是屋里一盏灯屋外一个公用的水龙头。屋里潮湿阴暗，一扇小小的窗户十分的破旧，屋里什么陈设也没有，和房东交涉了半天，终于取得了房东老奶奶的同情，同意将她孙子小时候睡过的单人床借给我，说是单人床，其实是一张很窄的凉床。“总算有了安身之处。”老乡看着我，不无同情。这哪是安身的家呀，这情景让我想起了监狱，一种莫名的悲伤袭上心头，直感到嗓子眼堵得慌，好想哭。老乡说晚上他们系里要进行演讲比赛，得赶回去。

送走了老乡，觉得自己孤零零的，想到像监狱一样的安身之处，思家之情油然而生。看到天色尚早，就一个人信步在门口转转。门口有个水塘，水面上漂浮着杂乱的水草和垃圾，一位白发老人正在钓鱼，悠然自乐。我望着落日的余晖，愁绪万端，顺手拣起一个小石子扔进了水塘。老人回头瞅着我说："小姑娘，你干什么吓跑我的鱼？"我怔了一下，委屈地望着老人，不知道该怎么解释，眼泪已经流了出来。老人笑着说："我又没有责怪你，哭什么？莫不是要怪我的鱼儿惹你不高兴了，所以你就投石泄怒。"我哭得更厉害了，自己也说不清楚为什么，老人放下渔竿，走到我面前问我为什么哭，他说只是看到我不开心，逗我玩的。我将自己的处境告诉了老人。

老人摸着花白的头发，哈哈笑了。他说我太悲观了，这算什么困难，他说他和我一般大时，父母在一次车祸中丧生了，他放弃了学业，靠打工供妹妹上学，没想到家里的房屋在一个暴风雨之夜倒塌了，唯一的妹妹也在暴风雨之夜永远离开了他，生活好像有意和他过不去，他打工的单位因为他请假回家处理家事而开除了他。他哭过，绝望过。但生活的磨难并没有压垮他，而是使他更加勇敢、更加坚强。他安葬了妹妹，擦干了眼泪，再次回到了打工的城里，很快找到了满意的工作，一位城里的姑娘知道了他的遭遇后，十分地感动，觉得他是坚强的勇士，是生活的强者，不顾家庭的反对，毅然嫁给了他。从此他的生活发生了翻天覆地的变化，在姑娘的鼓励下，他完成了放弃多年的学业，拿到了本科毕业证书。工作越来越满意，工资越来越高。心爱的姑娘和他结婚了，他们生儿育女，过上了幸福的生活。

他说人生不可能一帆风顺的，有时候磨难和困难可以磨炼你的意志，成为你人生宝贵的财富，使你的人生更加的完善。关键是面对生活、面对困难要有一个好的心态。老人笑呵呵地站起来说："我要回家吃饭了，我的家人在等我。你也该回去整理你的屋子，换一种心态，换一种思考，你会发现其实自己很幸运，生活原来很美好。”老人说完顺手拿起凳子上的一份《新安晚报》递给我，收起渔竿回家了。望着老人的背影，我才想起来我刚才只顾听老人说话，竟然连声谢谢也忘记说了。

我握着那份报纸，回到小屋，天色已经暗淡下来，小屋里的灯光温暖而柔和。我开始在灯下读报，忘记了孤寂和忧愁。报上有一篇《笑看人生》的励志美文，深深地打动了我，我的心豁然开朗，加上老人的一席话，我突然觉得自己是多么的幸运和幸福。虽然不富有，但可以领取足够自己生活的工资；虽然很孤独，却有很多熟悉的和陌生的朋友关心我；虽然身在异乡，却有一个能避风雨的小屋。那晚雨淅淅沥沥地下着，我在柔和的灯下写了一篇小文，没想到很快就见报了，我的喜悦之情真是难以言表。我真的很幸运，在那悲苦无助的时候，遇到了那位垂钓的白发老人，他的一席话改变了我的生活态度，改变了我的人生方向，让我以一种崭新的心态笑对生活。

生活中，我们总是难免会遇到苦难和挫折，其实只要你换一种心态，换一种方式去对待，只要你以乐观的态度和饱满的热情去逾越一切前进道路上的障碍，你会发现你的生活原来也是充满着神奇和光彩。只要有信心，你就永远不怕挫败。在苦难面前，让我们展示微笑吧！让我们永远的笑对人生！

感动微信

人生的起步总是很难的，如果我们不是“富二代”、“官二代”，我们都得白手起家，苦苦奋斗才能改变自己的人生。在困难的日子里，要保持一颗乐观向上的心，当我们正在为自己的糟糕境遇而叹息和流泪时，回头看看身边的人，也许他们的处境比我们糟多了。当我们叹息自己只能步行时，这世上还有许多的人没有鞋穿。

只要你有坚强的毅力和乐观的心态，贫穷和困难不足畏惧；只要你脸上洋溢着微笑，劣质的衣服也不会夺走我们的典雅和矜持。只有大勇之人，才会让发自内心的无畏变成灿烂的笑容。

（文科创新）

心灵佳句

她明白，每一朵玫瑰都代表着一个希冀、一份期盼。虽然她脸上多了一块难看的伤疤，但是还有人每天都在关心她。

毕业后，她分配到另一所中学任教，她把这个玫瑰故事讲给每一位学生听，让玫瑰的芬芳洒满整个校园。

难忘的那束玫瑰

吴志强

当时她正念高三。

一场意外事故，在她姣美无瑕的脸上留下一块不大不小的伤疤。伤疤虽小，但对她心灵的打击却非常大。一个原本充满活力、阳光四溢的女孩，整天处在懊丧和自卑的折磨之中。心理负担一加重，学习成绩也逐渐下降。高三上半个学期，她还是班上的尖子生。到了下半个学期期中考试，她却出人意外地考了个班上倒数第三名。一看到如此成绩，把班主任给急坏了，多次找她谈话，希望她尽快调整好自己的心态，全身心地投入到学习中，准备迎接高三最后冲刺。

那天，她像往常一样打开课桌，发现抽屉里横放着一朵鲜艳欲滴的玫瑰。当时，她认为是哪位男同学恶作剧，并没十分在意。第二天，她又发现自己课桌抽屉里有一朵玫瑰，这次，她再也没法视而不见，开始询问前后左右的同学。结果同学们都摇头不答。就这样，她每天早上都收到一朵玫瑰花。她对每天的那朵玫瑰花调查了好几次。最终，还是一无所获。尽管如此，她的心态却在逐渐转变。她明白，每一朵玫瑰都代表着一个希冀、一份期盼。虽然她脸上多了一块难看的伤疤，但是还有人每天都在关心她。为了送花的人，为了每天一朵玫瑰，她认为也应该集中精力把学习赶上去。这么一想，她渐渐卸下了沉重的思想包袱，淡忘了那场事故、那块伤疤。最终，她如愿以偿地考上了自己喜欢的那所大学。她一直闹不明白那些玫瑰的来历。但她对高考之前每天一朵的玫瑰充满了感情，对那个每天给她送玫瑰的人充满了感激。

毕业后，她分配到另一所中学任教，她把这个玫瑰故事讲给每一位学生听，让玫瑰的芬芳洒满整个校园。

感动微信

天底下，最幸福的事莫过于关心别人和被别人关心了。不管是对周围熟悉的朋友，还是对生命中陌生的过客，都要学会投之以关爱，尽自己的最大的努力去温暖他们的胸怀。因为有你的陪伴，那些在黑暗中前行的人不再觉得孤单。也让他们渐渐体会到，不管发生什么事，自己都不是一个人在战斗，转身回头，那些关心他们的人就在身后，不曾走远过。

让心中的爱，铺设成前行的花香小径；让沁鼻的花香，凝聚成满满的正能量。那束玫瑰花的香气，永远弥漫在你我心间。

（赵彩玲）

心灵佳句

伤心的父亲要他放弃跑场子的生活，召他回家继续完成学业。他心高气傲，当即婉言回绝。

在你的生命中，谁是你青春里真正的“卧底”以及充当“卧底”的那个人呢？他们一定都是爱你的人。

谁是你青春里的“卧底”

李 振

杰瑞是一名萨克斯手，出生在美国一个偏远小镇，二十岁出头，吹奏萨克斯风已有14个年头了。

几年前，杰瑞初中毕业，经过日夜寒暑，废寝忘食地苦苦练习吹萨克斯，他在家乡小镇就小有名气了，被赞誉为最年轻的“萨克斯王子”。他自感学有所成，擅自决定弃学从艺，从偏远小镇来到大都市，开始在各大夜场跑场子。

一天深夜，演出结束后，杰瑞接到父亲的电话。伤心的父亲要他放弃跑场子的生活，召他回家继续完成学业。他心高气傲，当即婉言回绝，说：“没关系，父亲，我会照顾好自己的。”他继续留在城市，过着昼伏夜出的浪荡生活。

之后，在18岁生日那天，杰瑞想到自己已是成年人了，返回家乡小镇，和家人一起过了一个生日。在生日派对上，心事重重的父亲见他几年未归，城市生活并未给他带来身体和心灵的创伤，毫发无损且衣食无忧，看起来日子过得挺美好，就没有对他再说些什么。

稍后，父亲高兴地提出一个小小的要求，说："儿子，你看，今天客人都来了，个个热情期盼，都等着你上台表演呢？你也该好好表现一下，不是吗？"

随后，父亲骄傲地宣布："亲爱的先生们女士们：今天是杰瑞的18岁生日，也是他的成年礼，多年前就被大家称赞是最年轻的'萨克斯王子'，今天他将为这个美好夜晚，献上一曲美妙的萨克斯音乐，让大家高兴……"

父亲的话音一落，场上气氛迅速安静下来，音乐声响起。杰瑞走到台前，萨克斯风随着音乐演奏起来。然而意外的是，他刚吹奏一会，就开始有人摇头，有人讪笑："吹的是什么呀？简直像哭一样。""说什么王子，你根本就不是王子。"……这时，有一个不知从哪儿来的陌生男，突然摇头晃脑大喊大叫道："别再吹了，下台，下台。"臭嘴里还不时夹杂着胡言乱语，甚至粗口恶骂。

正当大家感到匪夷所思，面面相觑时，那人又冲上台去，一把夺过杰瑞手中的萨克斯管，狠狠地摔在地板上，音乐在此刻戛然而止。

无疑，这一举动真正惹怒了杰瑞，血气方刚的他忍不住火冒三丈，弯腰拾起已经变形的萨克斯管，使出全身力气向那人头上砸去。那人头部挨了重重一击，血流如注，捂着头倒在地上……这疯狂一幕过后，无奈的父亲当着儿子杰瑞的面，赔了对方两千美金。

父亲并不感到扫兴和懊恼，目光极为冷静，和蔼可亲，却十分严厉地说："儿子，你本来就不是什么王子，你现在的表演就是为给听众和客人带去欢愉和快乐。如果所有人对你喝倒彩，甚至骂你，那一定是你演奏得不够好，或者说很臭；而今天仅仅是一个人对你表示不满意，你为什么要和人家大打出手呢？……"也许正是父亲这番话，彻底改变了杰瑞为人处事的方式，从而磨掉了不少他骨子里的锐气。

而今，二十岁出头的杰瑞每天在城市里跑夜场，对于自己的人生规划已有了全新认识。因为他深深知道，从小到大，父亲不曾打过他一次，只是默默关注他的成长，即便有时给他讲一些做人的道理，也总是满怀父爱之心，循循善诱。但不管怎样，他越来越希望融入现实，像萨克斯风那样浪漫而优雅地活着，并成为像父亲一样有责任感的人。

的确，在我们现实生活中，每个人本来就不是什么王子，也不是什么“达人”，正是因为你的强势越强，所以同比之下你的弱势也越弱，越是明显。果不其然，在杰瑞的生日派对上，所有人都已事先知道，那位砸场的陌生男就是父亲特意找来的“卧底”，故意对杰瑞找茬儿、挑刺儿和背“黑锅”的……

在你的生命中，谁是你青春里真正的“卧底”以及充当“卧底”的那个人呢？他们一定都是爱你的人。

感动微信

父爱如山，无论什么时候都会让我们浮躁难安的心有所依靠；父爱无言，无论什么境地都会让我们杂乱虚空的心有所领悟。看看杰瑞的生日表演吧，父亲是怀着怎样的心态去安排这一切；面对儿子的选择和狂妄，那份无奈又是怎样的煎熬！可是父亲选择了这样的方式，这是怎样的尊重和理解，怎样的支持和劝诫呀！但是年轻的我们又有几次能听得进父亲们的忠告，有意无意地回馈给父亲的更多的是漠然和我行我素，就让我们青春躁动的心境里多一份聆听和理解吧！

“每个人本来就不是什么王子”，但在每一位父亲的眼里，我们都是唯一的王子！

（孟庆刚）

心灵佳句

不，你就是风景！在我的眼里你是这田园里最美的一隅。你要珍惜自己读书的好时机，不要错过了岁月的好风景，要让自身的风景长存。

你就是风景

张 恒

九月初的一个雨后，我去田野找一名学生。其时，天空微泛深蓝，长长的云带悬挂在空中，被阳光反射出的色彩绚丽夺目，似虹非虹，似乎还有些潮湿的风不动声色地掠过衣衫外裸露的皮肤，柔柔生痒，带给人一丝惬意。

田头路边的野菊花经过一场雨的淋洗，一尘不染，活色生香。那星星点点的小白花，镶嵌在绿叶丛中，轻盈空灵，引来不少白色的小蛱蝶翩翩起舞。我知道，蝶恋花，但不是什么花都是蝶的最爱，这看似随意的田头野菊能得到蝶的青睐，想必定是有其魅力所在。我忽然突发奇想：若是于根处一截，按原状放入透明玻璃瓶中，定是绝好的天然插花。但终归只是想，行动上却是不敢造次的。生命需要呵护，即使插在花瓶里千般万般的赏心悦目，它也不如生在野地里美的长久。

几块田的中间有一个不大的池塘，生满碧绿的荷叶。此时，正是应了周邦彦的词句："叶上初阳干宿雨，水面清圆，一一风荷举。"近处细瞅，荷叶貌似初成，清新鲜嫩，叶片或展或曲，隐约可见叶面上的纤纤茸毛。随着轻风抚弄，荷叶团团起舞，恰似风情万种的绿萝裙于碧波浪里摇曳生姿，顾盼生辉。

我俯身下蹲，捧起一团水朝最近处的一片荷叶洒去，殊不知，眨眼间洒在荷叶上的水，都变成了大大小小的"珍珠"，或跌落池塘，或在页面上滴溜溜滚来滚去。再洒，依旧如此，这让我顿生感悟。荷叶真是非同一般，出污泥而不染，过雨水不留痕迹，抖一抖，洁净依然。即使是污水染面，它也能将之变成一颗颗"珍珠"回报，叫人好生惭愧。

我恋恋不舍地离开荷塘，却走不出满目的田园风景。远处，一个红色的身影吸引着我的视线。那是一片绿的世界，禾苗随风起伏，波浪连绵无际，红色的身影犹如碧海行舟，如诗如画，赏心悦目。

这身影就是我追逐的对象，这人就是我要找的学生李小春。

李小春正在秧田里拔草，那件红色的T恤衫已沾满了水迹。他见着我似乎知道我的来意，不好意思地说："老师你怎么找到这里来了？"

我说："这里的风景好哇。你看，多美的田园风光！"

"这有什么风景？"李小春抬头环视了一下自己的周围，说，"不过是田头地沟，庄稼人出入的场所，就像我……"

"不，你就是风景！"我说，"在我的眼里你是这田园里最美的一隅。"

李小春望了我一眼，低头不语。我知道他对我的话有所触动，趁势说，"跟我回学校吧，同学们都盼着你……"

"可是我的家……"李小春欲言又止。我知道他还在顾虑瘫痪在床上的父亲，还在可怜负担太重的母亲。但是，我说："你辍学回家就能解决家里的困难？即使能缓解一时也不能从根本上解决。学更多的知识，走更广阔的路才是改变自己命运的最好途径。"

我知道李小春陷入深深的矛盾之中。高三了，还有一年就高考了，谁想这个时候辍学呢？他也是万般无奈呀！

我告诉他："学校已和乡政府及村上联系过了，他们表示尽最大努力照顾你们家，还要给你们办低保，让你安心读书。”

李小春很感动，把视线举向远处一行白鹭，似是心系蓝天，欲跃苍穹。

我说，“你要珍惜自己读书的好时机，不要错过了岁月的好风景，要让自身的风景长存。”

回来的路上，再次路过那片荷塘。李小春不动声色地涉入水中，从那荷叶缝里面掐出一朵白花，递给我说：“老师，送给你，这是荷塘里最美的荷花。”

我定神一看，瞬时像失了魂魄，难以置信地打量着：这荷叶的下面，居然有这样一朵白色的荷花！真是一朵玉雕般洁白的荷花，半张半合，片片花瓣似上好的羊脂白玉雕成，质感厚重，不染瑕疵，嫩黄的花蕊半遮半掩，越发衬得花瓣的皎洁。若不是亲眼所见，还以为是天山的雪莲。

我便有些惭愧，自嘲去时居然不曾发现如此冰清玉洁的花来。

感动微信

教书育人是一门艺术，教师真正的力量不完全是知识的权威，而在于关爱。把学生当成最美的风景，是一个老师最高的境界。培根曾说过这样一句话：把美的形象与美的德行结合起来吧，只有这样，美才会放射出真正的光辉。是的，如果每一位教师除了外面的形象美，更拥有良好的师德，用自己高尚的人格、优美的语言、规范的行为和真挚的情感去影响、启迪、塑造、感染我们身边的每一位学生，就能让我们的学生健康地、快乐地成长。

（韩建龙）

心灵佳句

时至今日，我从父亲处理这件小事的过程中，知道了生活中任何一件事情都有它积极向上的一面，这完全取决于我们对它的态度，以及从什么样的角度来看待它。

无论何时何地，无论处境多么艰难，我们都知道我们的父母永远爱着我们，陈列在钢琴上的那本书就是最好的例证。

爸爸，谢谢你教会了我这些

张　维

“天哪，你在干什么？”看到小弟弟的行为，我吓坏了，情不自禁地叫出了声。

他坐在卧室的角落里，一只手捧着爸爸那本新书，另一只手拿着钢笔在上面乱画，这本装帧漂亮的书是爸爸的最爱。

正在这个时候，爸爸进来了，弟弟大概意识到自己做错了什么，吓得浑身哆嗦，像只可怜的小猫一样蜷缩在墙角。我大老远就看到了那本书的扉页被他用钢笔画得乱七八糟。这时，如同惊弓之鸟的小弟弟和我都注视着爸爸的一举一动，十分担心接踵而来的惩罚。

爸爸弯腰拿起了那本书，认真地看了一会儿，一言不发地坐下来。爸爸很爱我们，他也是个有学问的人，他不仅喜欢读书，也非常爱惜书。爸爸常告诉我们，书本就意味着知识和学问。他接下来所做的事非同寻常，让我终生难忘。

爸爸既没有对弟弟大喊大叫，也没有给他脸色看，而是很和蔼地坐在那里，从弟弟手里接过钢笔，在这本书的扉页、弟弟乱画的痕迹下面工工整整地写了这么一段话：这是1969年、约翰三岁时留下的作品！约翰，我亲爱的孩子，我曾经无数次注视着你那可爱的脸庞和天真无邪的眼神，感谢你在我这本新书上留下了这些有趣的痕迹，也为我们这个家庭日后留下了十分珍贵的记忆。写完之后，爸爸郑重地签了名，然后抱起弟弟，笑眯眯地在他额头上亲吻了一下。

年幼无知的弟弟做了错事，就在我们担惊受怕时，爸爸却借题发挥，利用这件事给我们上了一课，教育我们如何做人、怎样对待家庭和亲人。爸爸上的这一课给我们印象极深，让我们终生受用。

岁月匆匆流逝，我们这个家庭和其他所有家庭一样，既经历了欢乐也承受过痛苦，有成功也有挫折，欢笑和泪水始终伴随着我们一路前行。后来我们一个个都长大成人，无论何时何地，无论处境多么艰难，我们都知道父母永远爱着我们，陈列在钢琴上的那本书就是最好的例证。有意无意间我总会翻开那本书，看着书上弟弟当年留下的那些痕迹、读着爸爸那段充满着爱的语言，我的内心深处波涛翻滚……

时至今日，我从父亲处理这件小事的过程中，知道了生活中任何一件事情都有它积极向上的一面，这完全取决于我们对它的态度，以及从什么样的角度来看待它。只有通过点点滴滴的积累和发掘，平庸的生活才能变得丰富多彩、值得回味。父亲也通过这件小事教育我们对待生活的态度：多一些容忍、少一些责怪；多一些爱、少一些恨。如今我也做了父亲，我也像我的父亲一样十分喜欢书籍，但我又和我的父亲不一样——我没有让我的孩子们偷偷地从我的书架上取下一本书来乱写乱画，而是经常主动地从书架上拿出一本有保留价值的书，让我的孩子们随意地涂画或签下他们自己的名字。日后每当我翻看他们这些“杰作”时，我就会想起我的父亲、想起当年他教育我的那个场景，我就会想起他对我们的爱。如今我也把我的爱传给了我的孩子。

每每想起这些我总是开心地一笑，然后就会在心里轻轻地说一句：“爸爸，谢谢你教会了我这些！”

感动微信

一株茉莉也许没有沁人心脾的芳香，但它永远会让我们感到清新，感到幽雅，父爱就是这样，犹如茉莉一样静静地开放。无论我们在何方，父亲那慈爱的眼睛定会伴随我们一生。正如文中“父亲”，当看到不懂事的小弟，在他挚爱的书籍上乱涂乱画时，并没有生气，而是把它当作珍贵的回忆。

父亲的爱，是春天里的一缕阳光，和煦地照耀在我们的身上；是夏日里的一丝凉风，吹散了我们心中的烦热；是秋日里的一串串硕果，指引着我们走向成功；是冬天里的一把火，温暖着我们那颗冰冷的心。父爱，无处不在！

（毕丽华）

心灵佳句

是母亲给了他一片书海，引着他毫无顾忌地驶向梦想的殿堂。这件事也在深深地启示着我，让我懂得，任何一个卑微的心灵，都需要关爱，都需要在他拼搏的时候，送给他一点希望的力量。

给他希望的力量

程 刚

我给母亲在中学门口租了一个房子，开了一个报刊代售点。母亲经营这个小摊挺高兴，每天都有点事做，还能有点小收入。报纸杂志不像图书，可能一个人翻看20分钟就看完了，因此，开张两天后，我特意在四面墙上贴出了要求："杂志不提供阅读。"我的单位就在附近，中午的时候我经常过来转，看看杂志的销售情况。

几天后，我发现一个男孩经常在这里蹭看杂志。一天中午，我带有警告性质地提醒了他一下，并希望男孩买一本杂志，可他脸通红地走了。母亲看到了这一幕，把我拉到了一边，对我说这样对一个学生是很大的伤害。可我不赞同母亲的观点，如果把感情的东西融进生意，那吃亏的总是我们。令我没想到的是，男孩不一会就回来了，交了三元钱，从里面挑了一本杂志就走了。母亲想喊他，被我制止了，他白看了那么多的杂志，买一本也算做补偿了。

接下来一个星期，男孩没有来。那天中午，我又到书摊上，刚到那里，便看见母亲和那个男孩在说着什么。我径直走到了里屋，整理过期的杂志。男孩在偷偷用眼睛瞄着我，我知道他很害怕我再说他……

我不知道母亲到底和他说了什么，接下来的几天里，男孩每天都来书摊，而且还光明正大地看杂志，见了我，也没有那种胆怯的眼神了。我感到有些奇怪。

晚上，我回家便问母亲那天到底和男孩说了什么。母亲轻轻对我说："儿子，是妈让他在这里看的。""可杂志不提供长久阅读的。"我有些生气地说。母亲就在这一刹那眼泪流了出来，对我说："儿子，妈知道你出钱开这个小摊不容易。但你知道吗？那天，你说了他以后，他一连几天都来买杂志，可你知道吗？他家里父母双亲都有病，特别穷，他每天的午饭钱只有两块钱，他买一本杂志三块钱，这就意味着他要饿一中午。这孩子有志气，想写稿挣钱……"我突然一怔，半天没有说出话来。缓过神来，我立即对母亲说："妈，我明天跟他说，让他从今以后杂志随便看。"母亲笑了，轻轻地对我说："孩子，也不能这样，因为这样会在他内心深处埋下阴影。妈对他说了，我们报摊人气少，显得读书味不浓，妈请他天天到店里来免费看杂志，每天呆够一个小时，你能理解么？"我含着泪点点头。

许多年过去了，这件事一直清晰地印在我脑海里，因为我曾经伤害了一个好学孩子的心，是母亲给了他一片书海，引着他毫无顾忌地驶向梦想的殿堂。这件事也在深深地启示着我，让我懂得，任何一个卑微的心灵，都需要关爱，都需要在他拼搏的时候，送给他一点希望的力量。

感动微信

世界上有卑微的人，但没有卑微的灵魂。很多卑微的外表下潜藏着一颗并不卑微的心，这颗寂寞孤独的心，从来不曾停止过跳动。那位蹭书看的小读者虽然生活在苦难和贫困中，但是他心怀梦想，作者的母亲心地善良，为嗜书的贫困孩子提供了一片书海。更为重要的是母亲用她的行为和言语感化和教育了她的儿子，让他懂得关爱，懂得给他人提供希望的力量。

在可能的情况下，让我们用善良照亮那些无助的人吧，因为这世上还有许多东西是不能用金钱来计算的。

（张倩）

心灵佳句

慈悲和怜悯产生于人们所做的牺牲，牺牲者的馈赠无论你是接受还是拒绝，代价均已付出。

史蒂夫的俯卧撑

夏殷棕（编译）

克里斯钦生是宗教学教授，在美国西部一所大学教基督教义，大一新生都要修这门课，尽管教授在课上尽力展示基督教义的魅力，但是学生们仍然把这门课看成是必修的“痛苦”。

这一年，教授班上来了一位特殊的学生，名叫史蒂夫，虽然才大一，他却一心一意想考上专门培养牧师的神学院。史蒂夫很有人缘，同学们都喜欢他，他还是个体育能手，身体健壮，在校足球队中是颗耀眼的明星。一天，教授请史蒂夫课后留下来，问他能做多少个俯卧撑。

史蒂夫说：“每晚做200个。”

“我一直想在班上做个实验，需要你帮忙，你能不能10个一组，做300个？”教授说。

“嗯，我想我能做到。”

教授说：“太好了！周五课上做。”

周五那天，史蒂夫早早地来到教室，坐在教室前面。

开始上课了，教授拿出一只大盒子，里面装着油炸圈饼，比普通的大得多，中间还有奶油。

因为是周五的最后一堂课，同学们相当开心，大家想早点开始课后的周末派对。

教授走到第一排一个女生身边，问："辛西娅，你想不想吃一只油炸圈饼？"

辛西娅说："想。"

教授转身问史蒂夫："史蒂夫，你愿意做10个俯卧撑让辛西娅得到一只油炸圈饼吗？"

"当然。"史蒂夫从座位上下来，迅速地做了10个，然后回到座位上。教授拿了一只油炸圈饼放在辛西娅的桌子上。

教授然后问旁边的同学同样的问题，就这样，史蒂夫为第一排的每个同学做了一组俯卧撑，使他们每人都得到了一只油炸圈饼。

教授问第二排第一座的斯科特，斯科特是校篮球队队员。

斯科特反问："教授，我可不可以自己做？"

教授说："不行，必须史蒂夫做。"

斯科特说："那么，我不想要。"

教授耸了耸肩，转身问史蒂夫："史蒂夫，你愿意做10个俯卧撑，让斯科特得到他不想要的油炸圈饼吗？"

史蒂夫顺从地开始做俯卧撑。

斯科特说："伙计！我说了我不想要！"

教授说："瞧！这是我的课堂，这些是我的饼，你不想要就让它留在桌上。"说着把一只油炸圈饼放在斯科特的桌上。

这时，史蒂夫动作已经比先前慢了，也不再回到座位上，做完一组就待在原地等，额头上也出现了细密的汗珠。

教授来到第三排，学生们开始有点生气了，教授问詹妮，詹妮坚决地回答："不要！"

史蒂夫依旧做了10个，詹妮得到了一只油炸圈饼。

现在教室里充满了紧张气氛，同学们都大声地说"不要"，课桌上摆满了油炸圈饼。

史蒂夫也有些吃不消了，他的汗滴在了地板上，地板上出现了一小摊汗水，他的手臂和前额也开始发红。

教授来到第四排。这时，其他班的一些学生也进来了，坐在教室两侧通道的台阶上。教授数了数，教室里共有35名学生。

教授一个一个地问，史蒂夫一组一组地做，在这一排最后，史蒂夫真的已经精疲力竭了，每一组所耗时间都更长了。

教授问完了第四排，然后问那些坐在通道台阶上的外班学生，史蒂夫的手臂有些颤抖了，每做一次都显得那么吃力，汗珠大颗大颗地滴落下来，教室里一片寂静，只听到他粗重的呼吸声，同学们眼里都噙满泪水。

教授问教室里的最后一位学生苏姗，苏姗双眼流泪，哭着问："教授，我为什么不能帮他？"

教授双眼也饱含热泪，说："不，史蒂夫只能自己做，我给他这一任务，他有责任让每个人都有机会得到一只油炸圈饼，不管大家想不想要。我准备这节课时，查看了记分册，史蒂夫是班上分数最高的学生，其他人都不及格。

"史蒂夫告诉我在足球训练时，运动员出错后必须做俯卧撑，我对史蒂夫说，班上没有其他人有资格来参加派对，除非你为他们做俯卧撑，我才能让他们拥有这样的权利，为了你们大家，我和史蒂夫达成了这项协议。

"史蒂夫，你愿意做10个俯卧撑让苏姗得到一只油炸圈饼吗？"

史蒂夫极其缓慢地做完了最后10个，他已经做了350个了，他的双臂再也没有力气支撑自己的身体，一下子瘫卧在地上。

两名同学把史蒂夫扶到座位上，史蒂夫精疲力竭，但脸上却挂着微笑。

“做得好，”教授说，“我希望你们能明白，慈悲和怜悯产生于人们所做的牺牲，牺牲者的馈赠无论你是接受还是拒绝，代价均已付出。”

教授的目光落在同学们面前的油炸圈饼上，缓缓地说：“现在你们还要把油炸圈饼留在桌上吗？”

据说，后来，上教授课的学生都很认真。

感动微信

当别人为我们做出了巨大的牺牲，我们常常是感恩并内疚的，唯一的回报就是加倍努力做好自己，然后让这个为我们牺牲的人看到我们的改变，让我们的内心可以平静一些。史蒂夫的甘心付出，对于那些学生来说无异于是一种前进的压力与动力。

为他人牺牲，让他人获得幸福，史蒂夫如是。回报史蒂夫的诚心与真意，学生们认真上课，学生如是。前进的动力有很多，但是只有出自于内心的动力才是持久并且是巨大的。曲折，在人生的旅途中难以避免。面对曲折，我们需要智慧、需要感动才可以鼓起前进的风帆，从而磨炼出坚韧不拔的性格。

（梁凤美）

· 那伟岸的身躯为我们撑起一片天

天青色的烟雨里，巷子中空空的，没有一个人。只有一个凳子，在雨中空落落的放着，已经淋湿。有过路老人告诉我，这凳子是一个老人的，他在这儿等他的儿子，可最终没有等到，倒在了这儿。老人闭眼前留言，凳子放在这儿，让儿子知道，爹在这儿等他，一直等着。

我站在那儿，泪水滑落下来。江南的雨呀，扯天扯地地漫下来，遮住了天，遮住了地，遮住了仄仄的小巷。

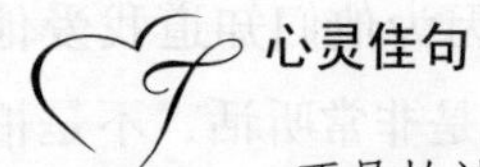

心灵佳句

不是怕被罚，而是出于对我的尊重和爱。

最严厉的惩罚

［美国］比利·布雷汉姆　文珍（译）

在教育自己的孩子方面，每个人都有一些巧妙的办法。

克利夫·巴罗斯是比利·布雷汉姆牧师团的负责人。他讲述了自己教育子女的一个故事。

当时他的儿子鲍比和女儿贝蒂还很小，做了错事。克利夫警告说，如果下次再犯，就要处罚他们。第二天下班，克利夫发现一对儿女故伎重演，根本没把自己的话当回事。克利夫很恼火，但看着孩子们可怜的样子又心软了，他不忍心处罚他们。

克利夫对我说："鲍比和贝蒂都很小。我把他们叫进房间，然后解下自己的皮带，脱下衬衫，光着脊梁跪在床前，让他们每人用皮带抽我10下。

"你想象不到他们哭得有多伤心，那是发自内心的、悔恨的眼泪。他们不想抽打自己的父亲，但我们有言在先，犯了错就要受惩罚。我告诉他们，处罚是不可避免的，但作为父亲我决定替他们承受。我坚持要他们用力打满20下，两个孩子边打我，边痛哭，比受到最严厉的惩罚时还难过。

“从那以后，我再没处罚过鲍比和贝蒂，因为他们知道我爱他们，但不会因此而忽视他们的错误。所以他们总是非常听话，不是怕被罚，而是出于对我的尊重和爱。”

感动微信

这个故事看完以后，我有些许的战栗，为这个父亲的巧妙惩罚措施震惊。但是，同时也为了他的残忍而感到震惊。

他对自己的残忍是有限的，因为肉体的痛苦总是会在一时之后过去。而他留给孩子们的心灵的阴影和影响，却是巨大而残酷的。

我无法想象，儿女将皮鞭抽向自己父亲的一瞬间，他们感受到一种怎样的残酷。但是我知道，也许这两个孩子一辈子都无法走出这巨大的心理阴影了，哪怕这是以爱为名义的阴影。

（文科创新）

心灵佳句

想想父亲对自己的好，再想想自己对待父亲的种种不是，林夕惭愧地低下了头。

父与子

周 礼

一天清晨，一个叫林夕的年轻人推着下肢瘫痪的父亲在公园里散步，从他的表情看，似乎很不开心的样子。林夕走得很快，那根本不像散步，倒像是完成一项任务。这时，父亲看见前面不远处有一个小池子，池子里有几条红色的大金鱼正自由自在地游来游去。父亲让儿子停下来，并漫不经心地问道："孩子，你知道池子里有多少条金鱼吗？"

林夕觉得很奇怪，父亲怎么忽然问这么一个不着边际的问题？尽管他很不乐意回答这个问题，但还是象征性地数了数，然后告诉父亲说："爸爸，池子里一共有十条金鱼。"

也许是林夕的声音有些小，也或许是年迈的父亲听力不太好，总之父亲没有听清儿子说的话，于是他又问道："池子里有多少条金鱼呢？"

儿子显然有些不耐烦起来，他生气地重复了一遍，语气冷冰冰的。然而，父亲仍然没有听清他的回答，又继续问道："池子里有多少条金鱼呢？"

这次儿子没有直接回答，而是朝父亲怒吼道："你长了一双眼睛，不知道自己看吗？”

父亲听后没有生气，只是长长地叹了一口气，接着他给儿子讲了一个故事：在多年前，也是一个早晨，一位年轻的父亲牵着幼小的儿子在公园里散步，走着，走着，儿子看见前面不远处的池子里有一群金鱼，他感到十分好奇，便问父亲：“爸爸，你知道池子里有多少条金鱼吗？”

父亲仔细地数了数，然后微笑着对儿子说：“孩子，池子里一共有二十五条金鱼。”

过了一会儿，孩子又问：“爸爸，池子里有多少条金鱼？”

父亲亲切地回答说：“孩子，有两条金鱼躲到了水草里，但仍然是二十五条。”

又过了一会儿，儿子又问：“爸爸，现在池子里有多少条金鱼呢？”父亲耐心地回答说：“孩子，又有一条金鱼躲到了水草里，但仍然是二十五条。”

……

就这样，面对同一个问题，儿子反反复复地问了父亲二十几遍。对此，父亲非但没有生气，还夸奖儿子聪明好问。

听完父亲的故事，林夕早已泪流满面，因为故事中的孩子正是他自己。望着慈爱的父亲，往事一幕幕浮现在他的眼前：六岁那年，他半夜想吃糖，父亲硬是打着火把，步行二十余里，跑到镇上给他买了一包糖回来。十岁那年，他生病住院，急需输血，父亲二话没说，挽起袖子就去验血。十二岁那年，他居住的地方发生了一次强烈的地震，家里的房子瞬间就倒塌了，在千钧一发之际，父亲毫不犹豫地用自己的身体护住了他。那时父亲被一根横梁砸中，肩上还有一道长长的疤痕……父亲爱自己胜过一切，想想父亲对自己的好，再想想自己对待父亲的种种不是，林夕惭愧地低下了头。

鸟儿的鸣叫唤醒了沉思中的林夕，他蹲下身来，用手指着池子里的金鱼说："爸爸，池子里一共有十条金鱼。"父亲这次听得非常清楚，他点了点头，露出了欣慰的微笑。

感动微信

"父亲的心在儿子身上，儿子的心在石头上。"这是不经意间从乡间听来的民谚，让人听着有点发冷、心酸。

父亲和儿子区别在哪里呢？不仅仅是年龄，不仅仅是辈分。父亲对待儿子极为耐心，不厌其烦，儿子却不能；父亲能为儿子付出自己的一切，甚至不顾自己的性命去保护儿子，儿子却不能；父亲的年纪和阅历造就了他的沉稳和睿智，他是儿子迷惑与苦恼时的引路人，儿子却不能。

孟子曰："挟泰山以超北海，语人曰'我不能'，是诚不能也。为长者折枝，语人曰'我不能'，是不为也，非不能也。"同样如此，儿子也能为父亲做这些事，只要你愿意去做。

想一想生活中的我们，父母对我们的好数之不尽。那么我们呢？也这样好好地对待他们了吗？

（于一彤）

心灵佳句

原来，父亲一直都是在以这种方式想让他过来陪陪他；原来，父亲内心的孤独和寂寞从来都没有消失过；原来，在他看来父亲生活得还不错的感觉其实是多么自私和狭隘。

父亲的收音机

薛　峰

大学毕业后，出生农村的他在城里找了份工作，拼搏三年，与女友合资购买了一套两居室的房子，然后结婚，算是在城里安了家。他要把在黄土地上操劳了一辈子的父亲接来同住，但父亲不同意，说乡下空气好，还舍不得那二亩地，再说城乡相距也不过二三十里路，如果想他们了他会来城里看看的。他也不好再勉强，因为一提起要把父亲接过来，老婆的脸就阴沉得要渗出水来。

父亲眼神不好，不看电视，他便买了台收音机，让父亲平时听听戏，也算为父亲解解闷，给房间里增加一些声音。由于工作忙，他偶尔回去瞅瞅，给他带些蛋糕之类的东西，看父亲一个人生活得还不错，不缺什么，他就放心了。

只是近来父亲常常打来电话，说收音机总是坏，收不到节目了。他赶回去把机子拆开一检查，原来是一个线头松了，接触不良。他很快就修理好了，马上要走，父亲看看天，说已经中午了，要不吃过饭再走吧。他想想，留下了。那天父亲炒了两个菜，与他喝了几盅。

父亲是那种老实巴交的人，一辈子没见过什么大的世面，也没经历过大起大落。唯有撕心裂肺的一次，或许就是当年母亲去世时了。那时他刚刚六岁，母亲患病无钱医治而去，父亲悲痛到了极点。后来父亲没有再娶，一个人又当爹又当妈地把他拉扯大，节省一辈子供他上学。他知道父亲所遭受的苦难和劳累，也想让父亲安享晚年，无奈他自己收入也不怎么丰裕，老婆对他看得又紧。

一次，他正在单位加班，父亲又打来电话，埋怨说不知怎么搞的，收音机又不响了，问他有没有时间过去看看？

"真去不了！"他说，"现在忙得很，要不你让前院的柱子修理一下吧！"

父亲"噢"了一声，他明显感觉到了父亲的失望。

他有些难过，可又身不由己。

月末，由于公司业务发展得不错，他意外地得了一笔数目可观的奖金。去商场转一圈，给老婆买了一件衣服，那是她心仪已久的，500多元钱，以前一直不舍得买。他又给两岁的儿子买了几本小人书和零食，给自己买了条比较上档次的领带。然后，他想起了父亲，给他买什么呢？

想了许多，他实在不知道买什么合适，好像父亲什么都不缺。最后，他只好又买了一台收音机。这台是功能较多的收音机，最新款的，收台很多，音质也不错，父亲应该喜欢的。

乘车回到老家，目光越过低矮的院墙，他看见父亲正一个人坐在院子里听收音机。播放的是评书联播《杨家将》，对此他再熟悉不过了。小时候因为家里穷，没有电视，陪伴他长大的就是一台老式的红灯牌收音机。那时一放学他就往家跑，单田芳讲的评书令他入迷，一集也不能漏掉。

而此刻，父亲听得也十分入迷，他坐在院子里，闭着眼睛，不太热的阳光洒在身上，父亲很享受的样子。

他稍感欣慰。

但父亲真的老了，不知什么时候起，父亲黝黑的皮肤竟然松弛下来。他的步履也蹒跚了，从前那个行动利索的父亲再也不能重现了。

看了一会，他抬起手，准备推门进去。可接下来的一幕令他惊诧了——只见父亲听完评书后，很熟练地把收音机拆开了，把其中的一个线头拔掉，再合上机子后盖。然后，父亲拿起电话按下一串号码，接着，他的手机响了："哎，真是的，不知怎么回事，收音机又不响了，你能过来看看吗？"

刹那间，他的眼泪就涌了出来。

原来，父亲一直都是在以这种方式想让他过来陪陪他；原来，父亲内心的孤独和寂寞从来都没有消失过；原来，在他看来父亲生活得还不错的感觉其实是多么自私和狭隘。他看见父亲颤动着手紧握电话，满脸的沧桑与期待。

那一刻他下定了决心，无论老婆同不同意，一定要把父亲接到城里去。

感动微信

父亲不断的拆开收音机的线头，只是为了能见到儿子一面。

当我们还很小的时候，父母花了很多时间教我们用勺子和筷子吃东西，教我们穿衣服、系鞋带、扣扣子，教我们洗脸、教我们做人的道理。我们在渐渐地长大，父母却在慢慢地变老。有一天我们会突然发现，他们的步伐不再矫健，他们的脸庞布满皱纹。常回家看看，多陪陪父母。对他们而言，儿女的陪伴就是最大的幸福。别嫌他们唠叨，听听他们倾诉，那是我们童年成长的记录。谁都有老的时候，谁都需要呵护，亲情常伴才是父母最渴望的幸福。

别总想着等事业做好后再陪他们，事情永远做不完，事业也是无止境的，不要让父母在孤独中等待，不要留下“子欲养而亲不待”的遗憾。

（张倩）

心灵佳句

我站在那儿，泪水滑落下来。江南的雨啊，扯天扯地地漫下来，遮住了天，遮住了地，遮住了仄仄的小巷。

巷口的守望

余显斌

那是条小巷，江南常见的小巷。

巷子被粉墙夹持着，很深很深，深得如同岁月一样绵远悠长。巷子里铺着的细麻石子，也被岁月的齿痕打磨得光光亮亮。

一个老人静静地坐在巷子里，他是个瞎子。

巷子很静，偶尔的，有老太太买菜，提着篮子走过；有老头散步，拐杖敲着石子路，一路敲过去。然后一切又恢复了寂静，只有墙头几朵花儿，在零零散散地开着。

老人静静地坐在一条凳子上。

一只大黄狗卧在他的腿边，间或叫两声，声音红铜一样亮，在巷中正午的阳光下跳荡着，一波一波的。

一个女人走来，看见老人。女人俯下身子问："老人家，太阳很大，你怎么不回家？"

老人摇着头，他在等自己的儿子，儿子就是从这条巷子里走出去的，一直走向远方。走时，他说很快会回来的。现在，他在等那小子。老人嘟囔着，口水流下来。有人告诉女人，老人有老年痴呆，不听人劝。

女人走了，走了好远，回过头来，深深的巷子中，老人坐在凳子上，狗卧在他身旁，不时叫两声，苍凉，孤寂。

女人再来时，是个秋雨天，树叶飘零，老人仍坐在巷子口，面前放着个碗，里面有零零落落的钱。

雨，丝绵一样细细密密铺下来。老人穿着一件破雨衣，黄狗卧在他雨衣下的一角里。细雨湿了老人的雨衣，湿了小巷，更湿了江南的天地。

老人在雨中打着盹儿，头一点一点的。

女人叹口气，悄悄走近，拿了些钱放在老人面前的碗里。老人一惊，醒了道："山子，你回来了？"女人不说话，悄悄转身离去。老人侧了一会儿耳朵，长叹一声，摸着黄狗道："不是的，是我做梦，梦见山子回来了。"老人的话，迅即被雨润湿，潮潮的。

再次经过时，已是江南的暮春。

老人头发更白了，拄着根棍子。黄狗不在了。

老人听到脚步声，侧着头问："山子，是山子吗？"

女人涩着声说不是的，是过路的。然后放了些钱，转身轻轻走了。巷子中，只剩下老人，还有无边的雨，和雨里的一声长叹。

当女人在信里告诉我这些时，我捧着信，泣不成声。

是的，我就是山子。

女人，是我的一个同学。

那个老人，就是我爹。

我从小巷走出，走向远方，走进监狱。临走时，为了不让爹伤心，我说："爹，我出去一趟，不久就回来。"爹点头说，好，好，我等你。

可是，一个贪污几十万的人，怎么会很快就回来啊？

我读罢同学的信，暗暗发誓，我要早日回去，巷子中，爹在等我，在晴日雨天里等我，从没离去。

由于表现好，我获得减刑。

我出狱时，又是杏花春雨天，细雨蒙蒙地下着。我没有丝毫停留，拦了辆出租车，直奔巷子——爹日夜留守的巷子。

天青色的烟雨里，巷子中空空的，没有一个人。只有一个凳子，在雨中空落落地放着，已经淋湿。有过路老人告诉我，这凳子是一个老人的，他在这儿等他的儿子，可最终没有等到，倒在了这儿。老人闭眼前留言，凳子放在这儿，让儿子知道，爹在这儿等他，一直等着。

我站在那儿，泪水滑落下来。江南的雨呀，扯天扯地地漫下来，遮住了天，遮住了地，遮住了仄仄的小巷。

感动微信

老人用年年岁岁的等待唤回了一个走错路的儿子，那个等在巷口上的椅子似乎成为一个永远的象征，可怜天下父母心。

在斜风细雨的江南中，没有香雾袅绕的柳树，没有浓荫覆地的亭子，也没有杏花烟雨的小屋，有的只是一条铺满细麻石子的巷子，一条忠心耿耿的大黄狗，一位一心等待儿子归来的老人。儿子的一句“不久就回”换来的是父亲默默的坚持和守望。

无论我们做错了什么，无论我们什么时候回来，家都永远向我们敞开着温暖的门，而家中的父母始终会原谅我们、等待我们。家人的爱是包容的，但流逝的年岁经不起风雨和等待。我们的一次错失和分离，也许是终身的悔恨。

每个人都会犯错，但是为了执着等待我们归来的家人，守住自己的心灵，不要让他们的等待和期盼成为终生的遗憾。

（范梦文）

心灵佳句

每个年轻人最主要的是要记住，不要用粗野的情感，如喊叫、暴躁、凶狠来填补思想上的空虚。

我年轻的朋友们，要珍惜你们的感情和培养你们的感情。

给儿子的第11封信

[苏联] 苏霍姆林斯基　启明（译）

亲爱的儿子，你好！

我非常欣慰的是，那封关于自我教育的信会引起你这样大的兴趣。你很细致地看出了这一代青年人（当然不只是青年人）的一个特点——非常容易激动，有时甚至达到神经质的程度。我确信，人和人之间的许多冲突，以及经常发生的争吵，其原因往往是他们不善于控制自己的情绪，更有甚者，有些人根本不注意情感的自我培养。

然而，培养自己的情感境界——这在我们这个时代，特别是对青年来说，是一个十分严肃的问题。几千年来，人的生活基本上是由肌肉力量以及诸如固执和残忍等神经系统的粗野本性所决定的。

最重要的是，每个年轻人都必须记住，不要用粗野的情感，如喊叫、暴躁、凶狠来填补思想上的空虚。在人的心灵深处，在潜意识里隐藏着一种本能——动物的恐惧心理、凶恶和残忍。一个人越是缺少文化修养，缺乏智力和美感，那么，这些本能就会表现得越突出，令人感到粗暴无礼。当一个人无法更好地证明自己时，他或者直截了当地说，没有什么需要证明的了（一般说来，情感丰富、有精神文明的人就是这样）；或者喊叫起来，用“本能的反抗”来填补思想上的贫乏。要珍惜不管是自己的还是别人的情感。要记住，对人来说，如同需要空气一样需要细腻的感情，而思想的细腻、智力的丰富，是它的源泉。感情可以使思想高尚，但是真正的人的感情不能离开思想而存在。感情来自思想，思想滋润感情，感情寓于思想之中。丰富的思想使人成为精神世界中的独立力量，它激励人们去实现高尚的行为。

如何培养细腻的情感呢？首先，任何时候都不能忘记，你生活在集体之中。任何时候都不能忘记，同你一起劳动的人都有自己的忧虑、牵挂、思想和感受。其次，要学会尊重每个同你一起生活和劳动的人。看来，这是人的最大的技能。细腻的感情，只有在集体中，只有在同你周围的人们不断的精神交流中才能培养起来。

没有比在充满智力和美感的亲密友谊中能更好地“磨砺”和锤炼感情了。要在友谊中培养自己的感情，友谊能帮助你培养特有的本性和细腻情感。

但是，能使人的精神丰富、帮助人战胜本能和发展人所特有的本性的真正友谊需要什么呢？需要你个人精神的丰富。只有当你给你的朋友以某种帮助时，你的精神才能变得丰富起来。不能奢望，在建立一个新的集体之后才仅仅几个月就能结识新的朋友，但是真正的友谊终究会建立起来的。你将同他们交流自己的思想、感情、快乐和悲伤。

假如我现在有可能到你那里去，我就去了，把你同屋的同学召集在一起，也邀请一些其他同学，跟他们讲讲：“我年轻的朋友们，要珍惜你们的感情和培养你们的感情。要记住，在我们这个时代的人，对来自周围世界的影响，一天比一天变得更加敏感。做一个朋友——这首先意味着教育人，确定他所特有的本性。”

教育的实质正是在于克服自己身上的动物本能和发展人所特有的全部本性。人性的顶峰——是共产主义教养。

要培养对一切有生命的和美好的事物的怜悯心，你将来也会有孩子，要记住，他们的道德和对人们的态度往往取决于他们小时候对飞鸟、花草、树木的态度。

寄给你一本书——阿·圣爱克苏佩里的《选集》。我希望你认真地读一读《小王子》这篇童话，并思考一下它的内容。

祝你健康，精力旺盛！

拥抱你，吻你。

你的父亲

感动微信

这是苏联教育理论家苏霍姆林斯基写给儿子的信，从中我们可以感受到一位慈祥的父亲对儿子的谆谆教诲，好似绵绵雨露，浇灌着孩子的心灵。信中，作者和儿子倾心交流，毫无隔阂，着重对于如何培养青年的情感世界进行了有益的交流。父亲对孩子的关爱同样体现在这里，让孩子明白道理、学会做人，这样的循循善诱更是值得称道的。

文中充满着许多闪光的观点，对于纠正我们这个时代的偏颇同样具有很大的现实意义。“教育的实质正是在于克服自己身上的动物本能和发展人所特有的全部本性。”教育不是教唆，而是教养，纵观今日世事，怀想当年理想，我们应该重新反思，才会走上健康而美好的康庄大道。

（李雁彬）

心灵佳句

我在心里暗暗发誓，将来有了钱，一定得让父亲过两天好日子。

穿毛窝的父亲

张生全

我八岁时，便到十多里外的乡中心学校念书了。从家里到学校是一条曲折崎岖的羊肠小道，有一小段铺着窄窄的青石，大部分则是光溜溜的黄泥路。一下雨，路面就泥浆横流，又烂又滑。人走在上面，如履薄冰，稍不留神便会摔一跤，搞得满头满脸都是泥水。

我那时年幼，读书真是很辛苦。天没亮就得起床，有时天黑尽了还在回家的路上，每日来回奔波三十多里，总是疲惫不堪。晴天还能勉强对付，倘若遇上下雨，便全身发软，走出家门就再也不肯挪步，两眼望着珠帘似的屋檐水呆呆出神。这时候，父亲就穿上他的毛窝，蹲下对我说："走吧。"我于是猴子一般快活地蹿上父亲的脊梁，被他大步驮入风雨中。父亲毛窝上有铁钉，能牢牢抓住泥土，不怕溜滑；毛窝虽是草做的，但里面塞着又厚又软的棕丝，泥水渗不进去。我伏在父亲的背上，就像坐在平稳的船里一样，真是又暖和又舒服。

山路难行。不一会儿我便看到豆大的汗珠从父亲古铜色的脖子上冒出来，一颗接一颗地连成线，弯弯曲曲往下流。父亲把我往上掂了掂，空出一只手来，屈指在脸上一刮，汗水就顺着他的手指淌下。而身上的汗，则从衣服里一层一层地浸出来，在背上濡出个越来越大的圆圈，我伏着的地方还冒出了缕缕白汽。

我嚷着要下地自己走，父亲不允，我便在他背上挣扎。父亲急了，立住，缓过一口气，然后大声训斥我："趴好！你这样折腾，我怎么走呀！"我只好不动了，也不说话。父亲见我委屈，又柔声说："其实，你有多重呢？你不知道，我即使不背东西走路也是会出汗的。你下来自己走，摔着了，还怎么上学呀？"听到这，我的眼泪热热地就涌出来了。

一直到初中毕业，父亲都是这样，脚蹬毛窝，伴我走过一段又一段艰难的风雨路。

初中毕业后，我考上师范，要到几百里外的县城求学了。去县城虽可乘车，但要绕个大弯子，更关键的是，还得花去许多路费，这对当时贫寒的家庭来说真是一笔不小的开支。父亲决定让我走小路。父亲说："别怕，孩子，小路也不算远，大半天就到了。我送送你。"于是父亲又穿上毛窝，背起那口又大又沉的行李箱和我上路了。在路上，父亲怕我累，就不断给我讲旧事。父亲说："孩子，你知道吗？我们走的正是你祖辈们背石灰的路呢。当年你祖父祖母给大户人家背石灰，每天来回一百多里，他们穿的毛窝把路都踩平了呢！"我低头一看，果然青石路中间凹下去许多，并有些浅浅的小麻点，虽然年深日久，却还依稀可见。父亲接着又乐呵呵地说："可是现在，我穿的虽是毛窝，却不再去背石灰，而是送儿上学呢！"父亲说得神采飞扬，脚下的毛窝敲出清脆的叮当声。我也在心里平添了一份豪情，感到脚步似乎轻快了许多。

到县城后，看到满街锃亮闪光的皮鞋，我突然有一种强烈的难堪和羞愧。我埋着头躲进一个角落里，细细地擦拭胶鞋上的泥点。父亲似乎并不理解我的行为，过来催我快走。我出了角落，却又跑得飞快，把穿毛窝的父亲远远地甩在身后，生怕和他走在一起。父亲背着行李箱，喘着粗气，大声唤我等他，毛窝在坚硬的水泥地上发出很不规则的咔咔声。

从此以后，我就不愿意让父亲送我上学了，我怕同学们看见他的毛窝，我怕毛窝发出的那种难听的怪叫声。我冠冕堂皇地告诉父亲："你的儿子已经长大了，该自己上路了，再让父亲送便是一种耻辱，会让人瞧不起的！"父亲被我虚假的豪言壮语感动得热泪盈眶，连连点头。当我走出很远很远了，却还看见父亲站在门口张望，久久地一动不动。那时候，我的眼泪又不知不觉淌了下来。我在心里暗暗发誓，将来有了钱，一定得让父亲过两天好日子。

参加工作后，我给父亲买了一双高档的皮鞋。在我的一再要求下，父亲洗净了他那双被岁月的风霜扭曲变形的脚，穿上鞋袜，极不自然地在屋子里走了两圈，却又很快脱下来，满怀歉意地对我说："好自然是好的，就可惜我是汗脚，一穿上便出汗。况且也不能干活……"说着，他就找来一些柔软的棕丝，细细地包在脚上，用裹脚布缠紧，拴牢，再套上毛窝，然后他在地上跺了跺，提了锄头，满意地下地干活去了……

感动微信

在父母的眼中，孩子就是他们的一切，为了自己的孩子，他们可以不要尊严，不要一切，他们这么做就是为了让我们更有尊严。谁没有虚荣心，但是，当与孩子的利益相关时，他们会毫不吝惜地去满足孩子。

亲情是最真实的，虽然有时候看起来朴素，甚至朴素得让我们的虚荣心无处躲藏，但是，这个世界上没有任何东西能比得上亲情。在父母们看来，子女吃饱穿暖就好过他们吃饱穿暖，父母总是力所能及地为你创造一切。你有追求就要靠自己去奋斗，去拼搏了。而他们，我们要去孝敬。他们太不容易了！

（刘旭杰）

心灵佳句

爸爸就是最好的校车，我不要什么私家车，我要爸爸天天来接我，让别的小朋友羡慕我有个好爸爸。

一瞬间，他明白接送女儿的路该怎么走，也找到了通往幸福明天的方向。

爸爸是最好的校车

路 勇

校车事故多了起来，孩子们上学放学的那条路，刹那间仿佛也遍布荆棘。他是宅男，小小的家是他的避风港，也是他拼搏和奋斗的格子间。他的收入不算太多，也不算太少，能让他的她以及他和她的女儿生活无忧。

校车改革启动了，校车的收费自然水涨船高，而校车未来的安全性不得而知。于是，他突然有了一个念头，开始承担女儿接送的重任。当他把女儿背在身后时，女儿的欢笑像阳光般洒下，他和他的女儿惬意地走过那条上学放学的路。不坐校车的日子，女儿说“爸爸你真棒”，他说“女儿你是我手心里的宝”。

没多久，他买回一辆崭新的电动车，他要用电动车载着女儿上学放学。骑着电动车时，他总是让女儿贴在自己的胸前，而且用围巾把女儿裹得严严实实的，生怕有一丝风、一片尘吹到女儿的小脸蛋上。

看着那些呼啸而来的私家车，甚至有那种专职司机开的豪车，看着那些在车厢里风雨不侵的孩子，他有点心疼自己的女儿，“宝贝，爸爸会赚一辆车回来。”

虽然，他依旧是足不出户的宅男，依旧在十几平方米的书房搞设计，但是他比以前的自己更勤奋、更拼命，除了吃饭、睡觉和接女儿，他都全身心地趴在电脑前。很多时候，甚至为了尽快完成客户的设计订单，他都不能按时吃饭和保证睡眠，俨然成了废寝忘食的现代新劳模。

有几回，他在电脑前感到一阵眩晕，胃也像被刀绞着般痛。还有几回，他去送女儿的时候，平常的风竟然有巨大的力量，而他仿佛是随时会被吹走的纸片。可是，为了赚更多的钱，更快地赚到钱，买一辆私家车接送女儿，他把那一些些的痛都抛诸脑后，把自己当成是无坚不摧的铁人。

可是，他并不是铁人，私家车买回来，还在上牌和办保险的过程中，他毫无征兆地病倒了。那辆他买来接送女儿的车，还没有机会派上用场，就搁在了小区的停车场里。而他的她以及他和她的女儿焦急地守候在病床前，他的她向单位请了一个星期的假，女儿一放学就奔向医院。

医生说，他的胃穿了个孔，手术还算成功，从手术室被推出来，他脸色苍白却故作坚强，“我没事”。她什么也不说，眼底却是满满的怜惜和疼爱，而女儿不管不顾地扑上去说，“爸爸就是最好的校车，我不要什么私家车，我要爸爸天天来接我，让别的小朋友羡慕我有个好爸爸。”

他苍白的脸庞多了两行泪，一行是亲情的泪，一行是心灵共鸣的泪。一瞬间，他明白接送女儿的路该怎么走，也找到了通往幸福明天的方向。

感动微信

如果说：母爱如水，那么，父爱是山。如果说：母爱是涓涓小溪，那么，父爱就是滚滚流云。父亲的爱，就像大山一样，高大而坚定。父亲的爱，每一点、每一滴都值得我们细细品味。父亲的爱，和母亲的爱一样，都是世界上最伟大的爱。父亲的爱，是实实在在的，没有华丽的词语，没有亲昵的做作。父亲的爱，是沉甸甸的，不会直接表达，但却直达心底。

拥有父爱的人是幸福之人。要用心去感受，擦亮眼睛去观察无形的父爱，珍惜它，你就等于抓住了人生一笔珍贵的财富。

（于枞蒽）

心灵佳句

父母说一句带有建议意味的话我就生气，并刻意和他们对着干。

时至今日，我偶尔还想再听听那个声音。只要听到那个声音，我就会觉得世上之事多半都没什么大不了的。

哦……

［日本］东野圭吾　流苏（译）

我有事几乎从来不找父母商量——高中和大学时代都是自己独立做决定，找工作也是先斩后奏。倘若父母偶尔说一句带有建议性的话，我就会生气，并且刻意和他们对着干。比如找工作的时候，母亲坦言希望我留在大阪，我反而决定无论如何都要离开，只要不在大阪，哪里都好。除了东京，我还考虑过总部设在京都或横滨的公司，最终我选择了一家位于爱知县的与汽车制造相关的企业。我喜欢车是原因之一，另外一个重要原因是“不想顺从母亲的意愿”。不出所料，母亲果然不满我的决定，埋怨说“你就是不想照顾我们吧”，而且还流下了眼泪；而父亲却自始至终一言不发。我离开家的那天，他也和往常一样弓着背，做着雕金的工作。

上班后，我住在公司的单身宿舍。如果有外部打来的电话，公司就会通过广播把人叫来。要是没有大事，没人会动用这么夸张的方式找人。虽然宿舍楼住了好几百人，但是这种“呼叫”电话的使用次数却少得惊人。

我想打电话的时候就会用公用电话。我会给友人和女朋友打电话，却很少打给父母。不得不和他们联系的时候，我也会尽可能长话短说。即使这样，母亲仍会问东问西，我通常随意应付几句就把电话挂断，而父亲从来不接电话。

这样的我在工作两年后，给父亲打了一次电话。公司里发生的某些事情让我无论如何也无法接受，我郁闷了很久，最后决定辞职。我给父亲打电话就是觉得必须向他报告我的决定。

我对电话另一端的父亲说：“我要辞职。”

听到这个消息，父亲想必很吃惊，不过并没有表现出来。他发出的第一声是“哦……”——那淡定的语气安抚了我的心灵。

沉默了一会儿，父亲问：“为什么？”

于是，我把工作以及与工作相关的各种莫名其妙、无法理喻的事一股脑地发泄出来。当然，这是我第一次和父亲谈起工作。

“我不是为了做这种事才上大学，也不是为了忍受这些才进这家公司的。真是受够了，我要辞职！”我斩钉截铁地宣布，语气近乎歇斯底里。

一直默默倾听的父亲听完我的话，依然保持沉默。正当我以为他会臭骂我做事没长性时，话筒中又传来一声“哦……”，然后父亲说：“那也好，重新开始，没什么大不了的。”

“谢谢您。”我说。挂断电话后，我感到心情舒畅了许多。

其实，打那以后又过了三年我才辞职，而那时辞职的理由已和当初截然不同了——当初没有辞职真是太好了。让我改变想法的是父亲的那声“哦……”。时至今日，我偶尔还想再听听那个声音。只要听到那个声音，我就会觉得世上之事多半都没什么大不了的。

感动微信

当你十岁的时候，父爱像座山，稳重、厚实、威严；当你二十岁的时候，父爱像片海，宽广、深沉、含蓄；当你三十岁的时候，父爱像条河，舒缓、平静、绵长；当你四十岁的时候，父爱像一泓清泉，即使你的情感蒙上岁月的风尘，到他那里也依然能被洗涤得纯洁明净。当你五十岁以上的时候，你回家还能叫声：爸！你会是世界上最幸运的人！父爱是温暖的，无私的，是一种默默无闻，寓于无形之中的付出和辛劳。母爱总是扯着你的衣角，不舍让你离去，父爱却是把你推出家门，让你去闯荡，去历练，去成就自己。拥有父爱是幸福的，只有用心的人才能体会得到！

（靳志刚）

心灵佳句

这个世上，美丽的事物美好的人，总能让我们的心灵沉浸在一种美丽安详之中，人世间一切污浊与杂物都会在这里被洗涤殆尽。

父　亲

［德国］托马斯·曼　陈燕（译）

中亚细亚的黄昏到处尘土飞扬，水渠旁的小道上，自行车车轮不断发出枯燥的沙沙声，渠岸上长满了榆树，在盛夏的骄阳曝晒之后，树梢正沐浴在恬静的晚霞中。

我坐在硬邦邦的车架上，紧紧地抓住车把，父亲还让我任意地按车铃儿，它上面有一个半圆形的镀镍铃盖和一个绷得紧紧的舌簧，一按下去，它还弹你的手指呢。自行车飞快地向前方驶去，铃儿叮当直响，这使我觉得自己像大人一样，显得特别威风，尤其是我的父亲在背后踩着脚镫子，皮坐垫咯吱吱直响，我感到了他身上的热气和膝盖的动作——它们常常碰着我穿着凉鞋的双脚。

我们是去附近的一家茶馆，这家茶馆就在康沃依街和萨马尔康德街的转角处，在渠岸边的一排桑树下。傍晚，水渠里的水泛着淡红色的闪光，在泥抹的茅屋之间，凉爽、轻柔的水哗哗流过。我们坐在茶馆里的一张小桌旁，桌上铺着黏糊糊的漆布，发出一股香甜味儿。父亲要了一瓶啤酒，和快乐的茶馆老板说说笑笑。这个人满脸胡子，待人相当热情，爱大声说话，脸晒得又粗又黑。他用抹布擦擦酒瓶，在我们面前摆上两个杯子（尽管我不喜欢喝啤酒），他还像对待大人似的对我使着眼色，末了，给我们端来一碟蘸盐油炸扁桃仁……我还记得那嚼起来又脆又香的酥桃仁的味道、那茶馆后面淡黄色的清澈的天空、晚霞笼罩着的高塔寺、尖尖的白杨树环抱着的平屋顶……父亲是那样年轻、健壮，他穿着一件白衬衣，微笑着，瞧着我，在各方面我们都像是两个平等的男人。干完了一天的活，我们在这里领略着四周的静谧、傍晚时分清凉的水渠、城市里燃起的万家灯火、冰凉的啤酒和芳香扑鼻的扁桃仁带来的欢乐……还有一个黄昏非常清晰地留在我的记忆中。

父亲坐在一间小房里，背朝窗户，院子里一片暮色，寂静无声；纱窗帘微微飘动着，他身穿一件保护色上衣，我觉得很不习惯，他的眉毛上面还贴着一块黑膏药，显得很古怪。我现在记不起来了，为什么父亲好像一个久别归来的人那样坐在窗旁，为什么人世间有这样僻静的地方。我觉得，他似乎刚从战场上回来，受了伤，正和母亲谈论着什么事（他们俩几乎是用旁人听不见的耳语在交谈）。沉寂的院子外面那一片广阔无垠的空间，不久以前父亲的英姿（过去，在某个地方他也曾表现得这样英武），这一切都使我对父亲产生一种特别的柔情和亲切感。当我一想到全家在这间酷似以前那铺着白床单的小卧室的房间里再次团聚时，我就感受到家庭的舒适和温暖，因而十分惊喜。

父亲和母亲谈了些什么，我不得而知。可是，那寂静的庭院、夏日的黄昏、父亲贴在太阳穴上的膏药和他身上的军服、母亲沉思的面容，这一切都在我童稚的心中留下深刻的印象。时至今日我还相信：是的，就在那个傍晚，父亲从战场上回来，受了伤，显得幸福而忧郁。

至今我还记得那一天，我看见父亲和我过去所见到的完全不同（我那时12岁），而这种感觉一直停留在我的心里。

那是春天，白天很长，阳光灿烂，我和中学同学在大门边推撞着玩（在五月天干燥的人行道上做游戏）。我浑身是汗，特别高兴，突然间，在离家不远的地方，我看见一个熟悉的、个头不高的身影。胡同里洒满了阳光，在暖和的栅栏外面，白杨树泛出一片嫩绿，春意盎然，而特别显眼的是：他看起来是那样矮小，短上衣是那样难看，裤子又窄又小，怪里怪气地吊在他的脚踝上面，一双老式的破靴子显得特别大，有别针的新领带像是穷人身上多余的装饰品。这难道是我的父亲吗？本来，他的脸总显得那么善良，充满信心和力量，英姿勃勃，而不是这样冷漠疲惫。早先他的脸上从来就没有皱纹，也不显得苍老，更不是像现在这样无精打采、萎靡不振。

这一切都被春天的阳光暴露得如此明显——父亲身上的一切突然显得如此灰暗、平庸和可怜，这使得他和我在我的同学面前感到十分屈辱。他们勉强忍住嘲笑，无礼地、默默地看着这双又大又破、显得很滑稽的靴子和那条特别刺眼的细管儿似的裤子。眼看他们就要取笑他，嘲弄他那怪模怪样的步态、他那微微弯曲的瘦腿。我满脸通红，又羞又恼，几乎要哭出来，马上就要大吼一声去保护他，去为他那副令人不快的滑稽相辩解，去同他们进行激烈的打斗，用拳头去维护神圣的尊严。

可是，不知怎么了，为什么我没有去和自己的同学搏斗——是害怕失去他们的友谊呢，还是不愿自己在这种维护尊严的打斗中显得十分可笑？

那时，我并没有想到自己也将会有这样的时刻，即在某一个我所没有想到的春日，我也会显得如此可怜又可笑，我也会是一个模样怪怪的父亲，而我的孩子们也会羞于去保护我。

感动微信

人的一生中能有几次与父亲相拥相抱，又有多少人会记得父亲的点点滴滴。因为母爱的伟大，或多或少掩盖了父爱的深沉。而人在最困难时候，往往找父亲的却最多。

托马斯·曼笔下的父亲形象真实而凝重，展现着生命的本色。年轻时的父亲成为他的偶像，给了他温暖幸福的童年。年老的父亲英姿不再，苍老疲惫，使他也有了“我也会是一个怪模怪样的父亲，而我的孩子们也会羞于去保护我”的愧疚。

幼时，很多道理不懂；长大后，才渐渐明白。甚至有一天，当自己也成为父亲或者母亲，才会了解得更加透彻。

“谢谢你做的一切 双手撑起我们的家……”筷子兄弟歌声里的《父亲》，一曲终了，我已是泪盈满眶。

（陈军宝）

心灵佳句

父亲已经把乡邻的托付当成了一种幸事，把能够帮人解燃眉之急当成了一种责任。

学会用一颗朴素的心来品尝人世间的精彩和绚丽。

父亲的小店

侯秀红

自从母亲病逝后，孤苦伶仃的父亲，便把责任田转包出去，在自家临街的西屋开门凿窗，开起了一家日用百货店。

小店的规模并不大，它只有十几平方米的空间，靠东面和南面依墙立着两排货架，甚至连个店名也没有。但烟酒糖茶、针头线脑，倒也摆得齐全，这里面倾注了父亲那个时期几乎所有的心血和汗水。

父亲年过六十初涉生意场，他最信奉的便是“诚信”二字，小店里虽没有什么特别贵重的东西，但样样货真价实。遇到乡里乡亲急需什么而店里临时没有，父亲不惜骑自行车来回十几里，到镇上去进货。有时候，这样几小时的奔波，仅仅能赚几元钱。对此，我们姐妹几个颇有微词，父亲却一边擦着汗，一边故作轻松地抽着他的旱烟，连声说：“值得，值得。”我知道，父亲已经把乡邻的托付当成了一种幸事，把能够帮人解燃眉之急当成了一种责任。

日子久了，父亲的小店逐渐成了大叔大伯们茶余饭后谈天说地的场所，他们聚在一起，从古到今，南朝北国，张家李家，无所不谈。说到高兴处，或随着录音机拖着京腔唱上几曲，或老哥儿们整上几个菜，饮上几杯，小店里烟雾缭绕的，其乐融融，做生意倒成了其次，而父亲心里的满足却一直溢到眼角。

我们的院子里有一棵果树，树龄已有三十几年，随着我们家几经搬迁，却越长越旺，硕大的树冠遮掩了半个院落。这棵树品种特别，果实成熟早，每年的夏秋之交，压弯了枝头的果子便早早地穿上了艳装，在枝叶间探头探脑，这又成了父亲小店里一道亮丽的风景。左邻右舍的孩子这时候就成了小店的常客，他们的心思不在几角钱的零食和小小的塑料玩具上，两眼抑制不住地瞅着树上的果子。父亲便心领神会，把他们抱到粗大的树杈上，边摘边吃，直到把自己的肚子连同身上的口袋都塞满了才罢。父亲每每会自豪地说："这是我们小店每年举办的'秋日大赠送'活动，无本而能得利，何乐而不为？"其实父亲所谓的"得利"，便是婶子大娘拿来的一捆菜、一瓢米里盛着的浓浓的乡里情、邻里意，这恰恰是他老人家最看重、最珍惜的东西。

逢年过节，我们兄弟姐妹团聚在父亲的小店里，感受着父亲对每一个人的牵挂，心里暖暖的。同时也会有一股酸涩从鼻尖滑过，都为不能经常陪伴父亲而惭愧自责……

今天，年逾古稀的父亲和他的小店，已经成了我们果实累累的精神家园，使我们不管走到哪里，不管遇到什么事情，都学会用一颗朴素的心来品尝人世间的精彩和绚丽。

感动微信

人间无处不精彩，人间无处不绚丽。谁都喜欢精彩，谁都喜欢绚丽。只是眼光不同，心态不同，本文那朴素的心就比较特别。

母亲病逝后，父亲在自家改造了一个小百货店，成了沟通乡邻，帮助乡邻的基地，成了大叔大伯们茶余饭后谈天说地的场所，给了他乡里情、邻里意，也成了儿女的精神家园。

老有所为，老有所乐。父亲老了，不能种地，开家小店，联络邻里感情，金钱价值不再重要，精神价值不可估量。你看他现在不是很精彩、很绚丽吗？

小村静谧、和谐、朴素，那种美才是真正的美。

（王继德）

·让关爱滋养善良的种子

关爱是一片照射在冬日的阳光，是贫病交迫的人感到人间的温暖；关爱是一泓出现在沙漠里的泉水，使濒临绝境的人重新看到生活的希望；关爱是一首飘荡在夜空的歌谣，是孤苦无依的人获得心灵的慰藉。关心他人，关爱自己，珍惜友情，让我们在同一个阳光下健康成长。只有懂得关爱，才能懂得生活的快乐和幸福！

心灵佳句

这童真与童趣是上帝送给人类的最后的礼物，是上帝通过孩子施舍给我们的美丽的天堂。

孩子施舍的天堂

张丽钧

看过一幅儿童画：一个鱼缸，里面游动着六条漂亮的大尾巴金鱼；在鱼缸的四周，围着六只眼睛发亮的小猫。我心里一笑，想：六比六，还省得争抢打架。但是等等，看看那幅儿童画下面歪歪扭扭的题字，居然是："太美了，舍不得吃！"我的心禁不住温柔地一动，为自己精神的庸俗而愧怍起来。

一日，走在熙熙攘攘的大街上，一个坐在妈妈自行车后座上的孩子突然指着一幅巨大的广告牌高声喊道："谁，找，你！"我和那位妈妈一同看那广告牌，广告牌上那位目光深沉的先生，正对着我们凝望。我无声地笑了。那个孩子得不到妈妈的回应，拽了一下妈妈的衣服，继续不依不饶地指着广告牌说："妈妈，你看呀，谁，找，你！"那位妈妈似乎明白了什么，猛地回头捂住了孩子的嘴。我再次抬头看时，也终于明白了孩子所谓的"谁找你"，原来是"雅戈尔"的误读。我很为那小气地捂住孩子嘴的妈妈遗憾，真的大可不必，孩子并不是存心丢你的脸，虽说他没有读对一个字，但他那大声读出三个半边字的热情与勇气不是很可贵吗？

一个老师讲过这样一个故事：下雪了，人们都穿上了棉衣。一个孩子跑到老师跟前很认真地问："老师，天气这么冷，院子里的雕像也应该穿上棉衣吧。"老师只是一笑，并没有在意。过了一会儿，又有一个孩子提出了同样的建议。于是，老师决定带着孩子们举行一场为雕像穿棉衣的仪式。我想，随着时光的推移，孩子会长大成人，孩子自己穿过的棉衣会忘掉，但是雕像穿过的棉衣将永远存留在他们的记忆中。

在这个物质的世界里，我们的精神有时会觉得恍惚无依，"成熟"折磨着我们。我们眼看着自己的纯真与热忱、敏感与同情一点点被剥蚀、被风化。法国伟大的人道主义者阿尔贝特·史怀泽先生说："我本能地防止自己成为人们通常所理解的'成熟的人'。因为与成熟相伴的往往是如此不和谐的词：贫乏、屈服、顺从命运的理性化……"在"早熟"成为全球性流行疾病的今天，让我们细心守护那弥足珍贵的童真与童趣，并让自己知道，这童真与童趣是上帝送给人类的最后的礼物，是上帝通过孩子施舍给我们的美丽的天堂。

感动微信

文章里的三个小故事向我们展示了童真的可爱和美好，这些孩子们天真的心灵让我们这些已经长大的人感到快乐。

但是，像这样的童真在我们身上已经越来越难找到了，在我们成长的每一步脚印里，伴随着我们人生经验的丰富，我们的童真也一点点地消失。

因为害怕犯错误，害怕被人笑话，很多话我们都不敢说出口；因为有了更多的自我保护和更多的欲望，我们也不再留有那颗纯真的心灵。

可是，我们却又都这么需要纯真、热忱、敏感、善良和同情，而这些正是孩子们身上的优点，如果可以，就让我们保持着最初的那份童真，在混沌的世界里保持自己的本色，让自己纯洁的心灵永远不受到影响和污染吧。

（文科）

心灵佳句

对人而言，心是灵的魂。只有心内充满爱，能慷慨地给予爱、施舍爱，自己的生命才算有了灵魂，而付出的这些爱则会让你收获更多的爱。

浪是海的花 心是灵的魂

张君燕

她出生在一个良好的家庭，自幼聪颖好学，小小年纪便知晓了很多知识。也许是性格原因，她生性寡淡，不喜欢与人交流，对自身外的一切事情都漠不关心。从不接受别人的惠赠，也拒绝对别人施以援手。刚开始，父母并不以为意，以为等她慢慢长大，就会有所改变。

直到一个春日的午后，六岁的她独自坐在院子里玩耍——她一向不喜欢和别的小朋友一起玩。她的目光被一只可爱的小猫吸引着，小猫时而伸出爪子挥舞，时而调皮地就地打滚，她被小猫可爱的动作逗得咯咯直笑。忽然，正陶醉在自己“表演”中的小猫，一不小心退到了花园里的池塘边，后腿已经腾空，两只前爪死死地抓着池塘的边缘，嘴里发出惊恐的“喵喵”声，大大的眼睛用乞求的眼神望着她。然而她竟然无动于衷，像没有看见一样转身走开了！

这一幕恰巧被走过来的父亲看到，他急忙跑去把小猫救了上来。看着她冷漠的眼神，父亲意识到了问题的严重性，心里产生了深深地隐忧。父亲知道，必须要让女儿抛弃冷漠，学会关爱。

一天，父亲带着她来到海边，此时的海面风平浪静、波澜不惊。第一次看到大海的她激动地张开双臂，兴奋地在沙滩上跑来跑去。大海的宽广和雄伟令她深深折服，父亲适时地说："大海之所以能够成其宽广，跟它广阔的胸怀是分不开的。只有心大了，才能容纳得更多，如果把自己的心门关紧，又怎能拥有宽广的人生呢？"父亲意味深长的话让她若有所思。

不一会儿，海面沸腾了起来，一波一波地海浪奔涌着，激起了很多洁白的浪花。父亲说："这些浪花美吗？"她的眼睛紧紧地盯着海面上的浪花，认真地点了点头。父亲又接着说："其实，浪是海的花，海的宽广激起了美丽的浪花，而美丽的浪花又点缀了海的辽阔。只有付出了美，才能得到美，美与美可以相辅相成，互为因果。对人而言，心是灵的魂。只有心内充满爱，能慷慨地给予爱、施舍爱，自己的生命才算有了灵魂，而付出的这些爱则会让你收获更多的爱。"

悟性极强的她听完父亲的话，猛地怔住了！看着波涛汹涌的大海，她的内心也似掀起了巨浪，她在阳光下尽情泼洒着海水，看一朵朵浪花在阳光下灿烂地绽放。她知道，那是美的绽放，是爱的盛开。

后来，她像变了一个人似的，一改往日冷漠的性格。她开始积极与人沟通，慷慨地付出爱，也接纳别人给予的关心和爱。积极地生活让她对一切都感到了好奇，尤其是对美国的南北战争产生了很大的兴趣。之后，她用了近十年的时间完成了一部足以震撼整个世界文坛的小说《飘》。

她就是美国著名的女作家玛格丽特·米歇尔。《飘》的出版使玛格丽特几乎在一夜之间变成了当时美国文坛的名人。就在小说问世的当年，好莱坞便以5万美元的代价购得将《飘》改编成电影的权利。

由大卫·塞尔兹尼克执导的电影《乱世佳人》于1939年问世，并引起了巨大的反响。

能够把南北战争的腥风血雨中绽放的爱情描绘得如此扣人心弦，与父亲当年对她的“爱的教育”有着莫大的关系。许多个夜深人静的日子，她都会在心里默默念诵父亲对自己说的那句话“浪是海的花，心是灵的魂”，这句话一直激励着她让她在人生之路上稳稳前行。

感动微信

花因为有了灵魂，才被赋予了生机；人因为有了灵魂，才被赋予了人性。冷漠从来就不是灵魂的一分子。

关爱是一片照射在冬日的阳光，使贫病交迫的人感到人间的温暖；关爱是一泓出现在沙漠里的泉水，使濒临绝境的人重新看到生活的希望；关爱是一首飘荡在夜空的歌谣，使孤苦无依的人获得心灵的慰藉。关心他人，关爱自己，珍惜友情，让我们在同一个阳光下健康成长。只有懂得关爱，才能懂得生活的快乐和幸福！

（梁凤美）

心灵佳句

“是的，布娃娃也会怕冷的，你准备帮助她吗？”

我的天赋来自于我的爱心，而打开我天赋之门的钥匙，则是我父亲的爱心与童心！

布娃娃也会怕冷的

陈亦权

小男孩只有七岁，却不得不因为战火而跟着父母离开了他的家乡——美丽的水城威尼斯，来到法国东南部的格勒诺布尔生活，经历了无数的艰辛之后，他们终于在这里勉强定居了下来。

父亲每天都拉着板车，走很远的路去煤厂拉煤块，然后运到城里卖给有钱人家，挣几个小钱维持全家的生计。日子虽然依旧清贫，但却过得很宁静。谁都没有想到，几个月后，战火居然蔓延到了这里，许多当地的居民都带着行李逃走了，但是小男孩的父亲却决定留下来，因为他赚的钱除了让一家人吃饱肚子以外，就再也没有别的闲钱能剩下来了，甚至连一张车票都买不起。

父亲继续做着他的老本行，小男孩不愿意待在家里，他也要跟着父亲去劳动，父亲说：“你只有七岁，你太小了，应该待在家里。”

“不！爸爸，我是一个男子汉，我可以分担你的工作！”小男孩对父亲说。父亲点点头，答应了。

那天下着小雪，他跟着父亲在风雪中走了许多路，等到把煤块全部卖光的时候，天都已经暗下来了。他们走在回家的路上，突然，小男孩停下了脚步，他看见几步之外的雪地上有一个残破的布娃娃，那个布娃娃身上的“衣服”不知怎的已经全都没有了，在它的旁边，是一排长长的脚印。很显然，这个布娃娃是那些逃离这里的人们丢弃的。

“她真可怜，爸爸。”小男孩看着那个布娃娃，对父亲说。

“嗯……或许吧，但是……它只是一个被人丢弃的布娃娃！”父亲说着就打算继续往前走，而小男孩却走过去把布娃娃捡到了手上，他对父亲说：“爸爸，她一定很冷，你看她连衣服都没有了……”

父亲动了动嘴唇，欲言又止，他看着小男孩的神情，就放下板车走近几步说：“是的，布娃娃也会怕冷的，你准备帮助她吗？”

“是的！爸爸，我能带她回家吗？”小男孩用期待的眼神看着父亲。

父亲点点头。就这样，小男孩把这个残破的布娃娃抱回了家，他从母亲的针线篮里找来了碎布和针线，整个晚上都在昏暗的油灯旁剪剪拆拆、缝缝补补，最后终于给布娃娃穿上了一套自己设计的漂亮的小花裙，不过这时候，他的母亲都已经起床准备做早餐了……

这个小男孩，就是如今的国际知名服装设计师、国际知名服装品牌创始人——皮尔·卡丹。当初的那条小花裙，就是皮尔·卡丹人生中设计的第一件作品，而这也预示了他以后的人生道路。

“我的天赋来自于我的爱心，而打开我天赋之门的钥匙，则是我父亲的爱心与童心！”成名后的皮尔·卡丹每次想起小时候的经历，都会这样感慨地说，“如果我心中无爱，我肯定不会为一个布娃娃去做花裙子，但最主要的是我的父亲，因为在那个场景里，相信有更多的大人都会对孩子说——‘快点放下，那只是一个肮脏破旧的垃圾’，但是我的父亲对我说的话是——‘布娃娃也会怕冷的，你准备帮助她吗？’”

感动微信

皮尔·卡丹，一位国际知名服装设计师、国际知名服装品牌创始人，一个世人皆知的名牌，其成功的根源竟然是七岁童年时的一件小事，一片爱心与童心。

皮尔·卡丹的孩提时代，生活的艰辛自不待说，可贵的是只有七岁的他就能帮父亲分担工作，更可贵的是见到被丢弃的布娃娃，心怀怜悯。正是这份爱心给皮尔·卡丹以天赋，给了他力量，帮他成就了辉煌的事业和人生。

文中的父亲可亲、可敬、可爱。是他充满爱心与童心的一句“布娃娃也会怕冷的”，感染培育了孩子的爱心，给了皮尔·卡丹打开天赋之门的钥匙。从此，我们体会到如山的父爱，体会到爱心的重要。

事实上，爱心是一切成就的基础，是力量的源泉。做任何事情，只要挚爱、喜欢，就会饱含热情，乐此不疲。

（王继德）

心灵佳句

我走上前，紧紧拥抱住这棵松树，吻了吻，然后头也不回地走了。

亲吻一棵树

陈永林

那年高考，我以几分之差与大学擦肩而过。我对母亲说：“娘，我想重读一年。”母亲叹口气说“钱呢？”母亲说的是实话，今年年初为治父亲的病，为办父亲的丧事，不但花光了家里所有的积蓄，而且还欠了一屁股债。

离开学的日期越来越近，我每天晚上都睡不踏实，还总做噩梦。梦醒后，我睁着噙满泪水的眼，心里喊着，我要读书，我要读书哇。

为了读书，我铤而走险了。

晚上11点钟，村里人都酣睡着。我开了门，潜入邻居家的牛栏，牵着牛就出了门。此时，一只狗朝我凶凶地叫，我叱一声，不死的狗，连我也不认得了。狗不叫了，我牵着牛就出了村。我想把牛牵到邻乡的牛市去卖，我估摸这头水牛可以卖八九百块钱，那我一年的学费就有了。待我大学毕业后，我加倍还钱给邻居就是。

翻过两座山，就到邻乡了。可山路很窄，极难走，路旁边是半人高的茅草。月光很暗，我又没有电筒，因而走得很慢。

我被一块石头绊了一下，摔倒了，整个人向山下滚去。茅草极滑，耳边的风呼呼地叫，我大声喊，“救命呀，救命呀。”喊了两句，我就什么也不知道了，

醒来后，我竟然睡在床上。被单上有股女孩身上的香味，屋是座茅屋。我喊：“有人吗？”屋里没人。天刚亮，我有点渴，想找水喝，一动，腿却钻心的痛。腿上敷着草药，绑着绷带，谁救了我呢？

这时，门吱呀一声开了，进来一个姑娘。我说：“感谢您救了我。”女孩说：“没啥谢的，你该谢那头水牛。水牛不停地哞哞地叫，把我吵醒了，我循着牛叫声寻去……”“那——那头牛呢？”“我给你送回去啦。牛认得路，我让它在前面走，我在后头跟，牛进了你的村，我就回来了。”“真的谢谢你。”我的泪水竟然掉下来了。女孩说：“饿了吧？我给你下碗面条。”女孩忙开了，烧水、切葱花、下面条。片刻，屋里弥漫着一股浓郁的香味，女孩端着一碗面条递给我，说：“吃吧。”

天已大亮了，我这才看清了女孩的面容。女孩见我盯着她看，红了脸，低下头吃面条。“你一个人住在这？”我无话找话，“你叫啥名字？”“嗯，我爹去城里卖药材去了。我叫玲子。”我的面条里还卧着三只鸡蛋，玲子的碗里却没有，我要夹一只给她，可她一躲，鸡蛋掉在地上了。玲子生气地说：“叫你吃你就吃，我最讨厌客气的人。”玲子捡起鸡蛋，在水里洗了洗，又放进我碗里了。

第二天，我要回家，不好意思给玲子再添麻烦。玲子说：“你这样能回家？你的腿不治好，就会留下后遗症，今后走路永远一拐一拐的。我给你每天敷一次草药，一个星期你的腿就会没事了。”一次，玲子给我敷好草药说：“有句话不知该不该问？”玲子见我点点头，问：“你为啥要偷邻居的牛呢？”我感觉脸上像被人扇了几个耳光，

火辣辣的痛，耳畔也似有千万只蜜蜂嘤嘤嗡嗡地叫，眼前的东西都变成了双份。我羞愧得无地自容，真想立马在她面前消失。“啊，对不起，我不该问。只是这两天晚上你都在大喊大叫的，说不该偷牛。我以为你讲出来会好受些。”我的泪水一滴一滴地淌下来，“都怪我家穷！”

我讲完了，玲子也一脸的泪。玲子说：“我想帮你，我有800元钱，你先拿去读书。”我不停地摇头，“不，不要，我怎能拿你的钱，我已欠你很多了。”玲子说：“就当我借给你的，你今后加倍还我就是，我就当把钱存进了银行。”我这才接了玲子的钱，泪水一串串地往下掉。

一个星期后，我的腿彻底好了。

玲子转身进屋了，片刻，玲子一脸灿烂地站在我面前。我很想拥抱一下玲子，很想亲吻一下她，但我没。我说：“瞧，这棵挺拔的松树多像你呀。”我走上前，紧紧拥抱住这棵松树，吻了吻，然后头也不回地走了。玲子听懂了我的话，在身后喊：“你上大学前一定要来看我。”

一年后，我怀揣着大学通知书来看玲子了。玲子不在，屋里只有一个中年男人，我问：“大伯，玲子呢？”“在那里。”他指了指我去年亲吻过的那棵松树下的坟包说。我的腿一软，双腿一下抽了筋样要瘫倒，我忙抱住松树，满是泪水的脸紧贴在松树上，哽咽着，“玲子，我来看你了……”后来我才从玲子的父亲嘴里知道，玲子得了白血病。玲子临死前留下遗言，说要把她埋在松树下。

感动微信

亲吻这棵树，就是亲吻女孩的善良，亲吻女孩的爱心。爱心是冬日的一缕阳光，使贫病交迫的人感到人间的温暖；爱心是一泓出现在沙漠里的泉水，使濒临绝境的人重新看到生活的希望；爱心是一首飘荡在夜空的歌谣，使孤苦无依的人获得心灵的慰藉。爱心是风，卷起浓密的云；爱心是云，化作及时的雨；爱心是雨，滋润干旱的树；爱心是树，撑起一片绿荫。爱心是美的化身，因为有爱心的存在，世界才会变得更加美丽。当我们内心充满爱，生活就会充满阳光，未来就会充满希望。

（张倩倩）

心灵佳句

可是这种温暖，她是不愿意拿出来与人分享的。只有无人打扰，它们才会在安静的角落里，慢慢地成长，且带给她淡紫色的温馨和优雅。

有如许多的爱助她慢慢走过这段自尊与自卑无限滋长的岁月，其实是一种多么值得她用一生去感恩的美好和幸福哇。

在爱里慢慢成长

安　宁

那一年她15岁，读初三，小小的心里有极强的自尊。

她是个温顺又寡言的女孩子。每天除了学习，几乎不会像其他女孩子一样，跟新来的年轻班主任聊天、开玩笑，甚至请他去吃门口小店里的冰激凌。她看到他被花儿一样缤纷的女孩子簇拥着的时候，心里除了细微的开心和向往，竟是没有丝毫的嫉妒。她知道父母弃了农村的家，跑到这个城市里来，边做零工，边陪她读书，已属不易。还有姐姐，为了她的学费和全家的生活，在外打两份工。除了取得最好的成绩，她知道自己再也没有什么能回报给他们。当然，她还要在放学后早早地回去，帮父母做做家务，亦让他们不必为她的晚归而过分地担心。

所以每每看见班里那一大群穿着鲜艳衣服的女孩子，嘻嘻哈哈地从学校里蜂拥而出，去小吃街上买一袋瓜子、几根香肠、三两田螺，而后边吃边消磨掉回家前的自由时间时，她也只是默默地转身，朝学校的后门走去。

她很欢喜学校有这样一个安静的后门，可以让她不被人注意地慢慢走回家。出了朱红色的门，沿着沙子铺成的小路走上几十米，再绕过一个大水塘，七折八拐地途经十几户人家后，便到了她的家。家，也只是暂时租来的，是那种马上要被划入拆迁之列的瓦房。刚搬进来的时候，看到张开大嘴的墙缝，和出入自由的爬虫，她和妈妈都掉了眼泪。是爸爸买来了水泥和墙粉，一点点地给它穿上新衣；又在院子里用红砖铺了一条整齐的小道，下雨的时候，可以不必泥泞。这样一个破败的民居，才陡然有了生气。她吃过晚饭趴在书桌上学习的时候，看到对面干净的墙壁上，被橘黄色的灯光照上去的父母的身影，便会觉得温暖和感激。

可是这种温暖，她是不愿意拿出来与人分享的。只有无人打扰，它们才会在安静的角落里，慢慢地成长，且带给她淡紫色的温馨和优雅。

可是，这样的恬淡和自由，于她，是多么的不易。常常有钦佩她成绩好的同学，为了更方便地向她学习，执意让她带着去认认家门。还有一些默默暗恋她的男孩，甚至会趁她不注意，放了学偷偷跟在她的后面，想通过这种方式，得到她的地址。每学期的家长会，亦是不容易逃掉的劫难。因为高高在上的成绩，老师常常会让她把父亲请来，给其他家长做如何教育子女的报告。这样的时候，她总是会撒谎。尽管她知道，其实父母多么希望能有这样一个机会，因为她而在人前骄傲地直起被生活重担压弯的脊背。

然而这一次，她却觉得再也没办法逃掉。除非，除非她转学或是读几乎没有什么升学希望的慢班。她借读的这个学校，是可以直升本校的高中部的。中考的时候，会根据成绩分出快班和慢班。快班的学生，几乎无一例外地会在三年后考上全国一流的大学。所以能进快班，几乎是每一个学生的梦想。可是，每年的学费，亦是比慢班要贵出许多。

所以当领到申请报快慢班的表格时，她犹豫了许久，终于还是在慢班一栏里，轻轻画了一个钩。

那天放学后，年轻的班主任把她叫到了办公室。班主任是个极温和的人，有着友善又亲切的微笑。他像兄长一样拍拍她的肩，示意她坐下，又冲了一杯热茶递到她因为慌乱而无处搁置的手中，这才开口问她：“这么好的成绩，为什么不报快班？是父母的意愿吗？用不用我去家访？”她低着头，看着杯口氤氲的热气，和一朵朵徐徐绽放开的茉莉花，许久才慢慢地摇头。杯子里的热茶，哗地一下子洒出来，烫红了她的手。积蓄了许久的泪，终于趁此，哗哗地流了满脸。

班主任连声地向她说对不起。看天晚了，又执意要送她回家。她不知道怎样拒绝，只无声地走了几步，便使尽平生的力气道了声“再见”，返身向学校的后门跑去。

那一晚，她躺在床上翻来覆去地想了许久，终于还是在第二天吃早饭的时候，把要报快慢班的事，和着母亲做的蛋炒饭，一起咽到了肚子里。

几天后，班主任又将她叫到了办公室，给她看一份盖了学校红红印章的通知。上面说中考前三名的学生，学校会给予免掉所有学杂费的奖励。而后班主任呵呵笑着说：快班也是免，慢班也是免，你有这个把握为何不报快班，这样就不会吃亏了噢！她第一次抬起微红的脸，笑望着自己的老师，重重地点了点头。

三个月拼命般的努力，终于换来了第一名的成绩。全校表彰大会上，要请她的父母代表家长讲话。这次她是飞快地跑回家将这个消息告诉父母的，并且坚持要用自己节省的学费给全家都买套新衣服。父亲听了没有像往常那样，因为这不必要的开支而犹豫不决，很爽快地就带全家去买了新衣。开会的时候，她与班主任并肩坐在主席台上，看着话筒旁一身西装的父亲，由于激动而泛红的面颊，像是喝了几两好酒，幸福藏也藏不住。身旁的班主任，亦是一脸兜不住的骄傲和开怀。那一刻，她的心里，再也没有昔日因为自己的贫寒而蓄积起的自卑和自怜。她真想告诉每一个人，自己的努力，竟是可以给这么多人带来切实的快乐和欣慰。

她是在三年之后考上理想中的大学的时候，才知道，那个盖了红色印章的通知，是班主任一个善意的欺骗。三年的学费，亦是他，一次次地替她交上的。可是那时候的她，并没有因此而有过分的惆怅和自卑。因为她早已能够正视自己的贫穷，并且真正地意识到，有如许多的爱助她慢慢走过这段自尊与自卑无限滋长的岁月，其实是一种多么值得她用一生去感恩的美好和幸福啊。

感动微信

善良与爱是人间最美丽的符号。

一个每天生活在贫穷造成的自卑阴影下的女孩，无法正视自己的优秀，她被自卑蒙蔽了双眼。而一个善意的谎言，使她重新看到了希望，看到了自己的价值，这就是善良与爱的伟大之处。

我们每天在接受别人爱的同时也应该奉献自己的爱给他人，爱是可以传递的正能量，而这种能量总是可以照进人们的心底，给每个需要帮助的人带去希望与力量，而我们在给予的同时也能体会到自己的价值，相信只要人人都献出一点爱，世界将变成美好的人间！

唯有善良与爱不可辜负！

（赵仕龙）

心灵佳句

我握着酸软的手感激地看了看他，他微微笑了笑，就去收试卷了，好像什么也没有发生一样。

无言的恩情

王宝国

1990年的高考淹没在滂沱大雨中。我静静地坐在考场里，看着雨丝顺着玻璃不知疲倦地淌下来，心情也像雨天的空气湿漉漉的。上午的语文考得不太顺利，一进考场，就有些头晕，前面的选择题，看着似曾相识又记不准到底在哪里见过了，只好胡乱涂上ABC了事，作文则连题意也没有审清，自然又是胡写一通。下午的地理更不敢奢望，地理一直是我的弱项，只要一看到时区、日界线，我就觉得头大。为了平静一下情绪，我手里不停地转动着2B铅笔。那年高考第一次开始标准化试点，除了试卷外还发一张答题卡，选择题的答案都要涂到答题卡上。考试前已经进行了反复演练，包括怎样削铅笔、怎样握笔、握笔的力量，老师都不厌其烦地详细讲解，但到了实战，还是有些发怵。试卷发下来了，心里一阵窃喜：原来并不像自己想象的那么难，除了一道读图题是硬骨头外，其他均顺利过关。答完题，我把钢笔一合，只等交卷的铃声了。在等待的过程中，心里已经做起了黄粱梦，说不定自己就是高考中的一匹黑马，考上个名牌大学也未可知。正在想入非非时，监考老师走了过来。他戴了副近视眼镜，摇着把蒲扇，稀疏的头发伏在头皮上，一副温文尔雅的样子。他背着手在考场里踱来踱去，走到我的桌前便停下了，好像是车子遇到了什么阻碍。他默默地瞅着我，那神情就好像他认准了我是小偷，非要等到我伸手时人赃俱获不可。为了表示已经做完，我故意把试卷平伸开给他看。没想到，他竟停下不走了。他拿起了我的试卷看了看，又拿起了答题卡，然后放下，好像不经意地敲了敲桌子。我仔细看了看，头上立时冒出了冷汗：我的答题卡竟然没有涂。离考试结束不到十五分钟了，我手忙脚乱地涂起来，当涂完最后一道题时，交卷的铃声响了。我握着酸软的手感激地看了看他，他微微笑了笑，就去收试卷了，好像什么也没有发生一样。

那年，我以高出分数线34分的成绩被省内一所高校录取。在接到录取通知书后，我真想当面谢谢那位提醒我的老师。是他的提醒改变了我的命运，让我走进了大学的殿堂。但是，十九年过去了，我一直不知道他的名字。每年高考时，我都会想起那位素不相识的监考老师，想起他无言的恩情。在我的心里，他是一位值得尊敬的真正的老师，因为老师的爱心和责任感，都在他身上得到了真切的体现。

感动微信

文中的监考老师只不过是一个真正的人，一个真正地明白教育、考试以及人生的人。凡事都有规则，但凡事都有规则之外的让人灵活掌握的东西，在这种情况下更需要一个人运用自己的良知去处理遇到的事情。

现在的考试安排上已经明文规定要提醒考生正确地填涂答题卡了，文中监考教师不违背原则的提醒闪耀着人性和关怀的光芒。

（韩建龙）

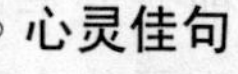

心灵佳句

我的独立往往夹杂着自豪、勇气、固执、幸运。

学会接受帮助，并向他人伸出援手。

不要一个人硬扛

[英国] 莎伦·利昂·福勒　刘芳（译）

从小到大，我一直都很独立。在从高中毕业到获得生物学博士学位的数年间，我去过52个国家，大部分时间都是独来独往。跟其他的旅行者不同，我从来不向别人问路，更多的时候，是一个人在各种地图和路标中苦苦钻研，直到最终弄清方向。我的独立往往夹杂着自豪、勇气、固执、幸运。

然而，有一天，在泰国的潘安岛上，这一切都改变了。当时，我和未婚夫肖恩在海里游泳。突然他被一只箱形水母蜇伤，在三分钟内就死了，年仅25岁。一种前所未有的孤独感向我袭来，但是，当旁观者和其他游客主动提出帮助时，顽固的矜持、长期的习惯和极度的悲伤使我拒绝了。我甚至不知道怎么跟别人接触了，就好像我突然讲着一种世界上无人能懂的语言。我甚至拒绝了父母的请求，他们非常想过来帮我一把。

不管我怎么反对，仍然有两名以色列女子不肯离去，坚持留了下来。当卡车把肖恩的遗体从海滩运到医院时，她们徒步跟在后面。

医院正式宣布肖恩死亡时，她们陪在我身边。医院要求我立即支付相关费用并准备火化时，她们向医院提出要求：应该留一些时间让我独自守在肖恩的遗体旁。当医院工作人员拿来一份泰语的文件要我签署时，我习惯性地抓起笔，她们拦住了我，坚持让对方先把文件翻译成英文。在这份文件里，肖恩的死因被描述成了酒后溺水。事后我从一名专门研究箱形水母的科学家那里了解到，在当地，水母造成的死亡事故常常被当地相关部门隐瞒，以免给旅游业带来影响。

随后，肖恩的遗体裹着白布被卡车运往附近的一座寺庙，那两名以色列女子与我一同前往。她们当时不过21岁，和我素昧平生。我们回到海边度假酒店时已是凌晨3点，8点钟我还得赶到当地的警察局。那两名以色列女子再次要求陪着我。她们完全可以置身事外，但她们坚持与我一道。听了她们的话，我的第一反应就是放松，因为我不用一个人面对那些警察了。但我还是暗自决定如果早上没见到她们，就不去叫醒她们。早上我来到酒店大堂时，看见她们已经在那儿等了。在警察局的一间小屋里，由于语言障碍和其他原因，我花了八个小时才把事情经过陈述清楚。第一次向警察讲起事情的经过时，我忍不住哭了。警察很刁难人，怀疑我说的一切，并坚持说要有四名男性目击证人才能证明肖恩的死因。我根本做不到这一点。那两名以色列女子与那个警察交涉了很长一段时间，他才做出让步，接受她们的签名为有效证据。

肖恩出事之前，我们一直在筹备着结婚、购房、怀孕等事情，转眼之间，这一切都消失了。这个突如其来的打击让我难以置信，无法承受。整整一个星期，那两名以色列女子寸步不离地守着我，劝我进食，劝我饮水，还紧张地要我仔细考虑给远在澳大利亚的肖恩父母打电话时应该说的话。这个悲剧原本与她们毫不相关，她们本来可以撤手不管，但是她们甚至没有告诉我，就悄悄改签了飞机票，改变了行程，只为不忍丢下我一人。

两名陌生人教我明白了一个道理：有时候，最不愿意求助的人往往是最需要帮助的人。我已经学会接受帮助，并向他人伸出援手。

感动微信

人生在世，不可能一帆风顺，总会遇到困难与问题，这就需要他人的安慰与帮助。反之，你也要帮助有困难、有问题的人。本文作者从小到大，一直很独立，去国外独来独往，旅行从不问路，无论什么事都不肯接受别人的帮助，即使未婚夫突遇危难、失去生命，依然拒绝“旁观者和其他旅游者”的帮助，甚至拒绝了父母的请求。是两名以色列女子的不肯离去，以及随后帮她解决问题的一连串故事让她幡然醒悟，学会接受帮助并向他人伸出援手。

一个人的力量终归是有限的，遇事一个人扛可能过于沉重、压抑，而不堪重负，如果主动请求他人帮助，接受他人帮助，就会如释重负，轻车前行，度过难关，特别是遇到事情想不开时，更要向他人诉说。同时，碰见有困难的人，主动施以援手，给予无私帮助，也是人生之快事。“送人玫瑰，手有余香”表达的就是这个道理。

（王继德）

心灵佳句

不光是希望你能出人头地，更希望你能有一个良好的品质，会做人。咱是农村出来的孩子，身上要有淳朴的美德。

从那以后，我把父亲的这句话藏在心灵深处。任何时候都不能失掉一颗善良的心，这句话成了我的人生标尺。

一颗善良的心

程 刚

从我11岁那年起，父亲每年夏天都在省城的建筑工地上打工。为了省钱，每月初回家背粮带到工地上，下工后自己做饭。那时候家里穷，吃的是粗粮，那一年夏天，母亲心疼父亲，用六十斤高粱米换了二十斤大米，让我给父亲送去，叮嘱我告诉父亲，累的时候就做点好的，吃一顿大米。

这是我第一次出远门，母亲千叮万嘱一定不能误车，因此，我早早地来到车站，第一个排队剪票，第一个上了车。上车后我随便找了一个靠窗的座位坐下，看着窗外的风景，一切都很新鲜，至今我还记得当时心里的兴奋。

车到一站，上来好多人，很多人没有座位，只能都在过道里站着。一个中年人挎着一个筐，扶着一个看上去有70多岁的老人挤在人群里。乘务员从他身边经过，他便对乘务员说：“同志，能不能给协调个座，我爸岁数大了，站不住，一直站到省城受不了。”乘务员便在车厢里大声喊了几声：“哪位年轻人给老人让个座……”可他喊了半天也没人站起来。坐这趟车的一般都是长途，谁都不愿意让座，中年人尴尬地向四周望了望，只能无奈地摇了摇头。列车快速地行驶着，老人扶着一个座位靠背左右摇晃着。“爹，你扶好了，我去想办法弄个座。”中年人放开了老人，走到了车厢头，然后一个座位一个座位地问：“同志，我用20个咸鸭蛋换个座位，坐到省城，换不？”可问了好多人也没人换。但我听了他的话，着实兴奋了一下，父亲最爱吃咸鸭蛋，平时，家里如果能煮一顿大米，炒一个菜，再配上一个咸鸭蛋那是再香不过的美餐了，可我们一年到头也吃不上一个。如果我把座位让给他，换20个咸鸭蛋给父亲，那父亲说不上得多高兴呢！虽然到省城还有六七个小时，可就算我遭点罪，但能给父亲改善一下伙食，我觉得很值。想到这里，我一下子站了起来，对中年人说：“我愿意换。”中年人见终于有人肯换了，赶忙扶着他的父亲坐到了座位上。

终于熬到了省城，父亲早就在车站等我了。我想让父亲高兴一下，便把20个咸鸭蛋放在背包里藏着。晚上，父亲为了迎接我，做了一顿大米饭，炒了一个白菜。就要开饭时，我从背包里拿出了中年人给我的20个咸鸭蛋，父亲看到了，急忙问我是哪来的，让我带回去，他吃太浪费了。我便将车上的事和父亲说了一遍。原以为父亲会狠狠地夸我一下，毕竟我为了父亲能吃得好一点，在车上站了六七个小时，最后都有点站不住了。可没想到，父亲听我说完不但没有表扬我，反而沉下了脸，然后长叹了一声，对我说：“儿子，你为爸着想，孝顺，爸很高兴。可今天的事，爸要批评你，我和你妈省吃俭用供你上学为什么？不光是希望你能出人头地，更希望你能有一个良好的品质，会做人。咱是农村出来的孩子，身上要有纯朴的美德……爸觉得，你见到老人上车没有座时，就是什么报酬没有，都应该主动让座。如果你能做到这一点，爸再苦再累都值得。你记着，任何时候我们都不能失掉一颗善良的心。”听了父亲的话，我低下了头。

从那以后，我把父亲的这句话藏在心灵深处。任何时候都不能失掉一颗善良的心，这句话成了我的人生标尺。

感动微信

如果受了教育，却丢掉了淳朴的天性，多么可惜！

善良的人具有崇高的道德情感及信念，爱心支配着善良的行为选择，善良的人不计得失，助人为乐；文章中“父亲”教育孩子，即使没有任何报酬，也应该给老人主动让座，在任何时候都不能失掉一颗善良的心。如果每个人都拥有一颗善良的心，我们这个世界将会到处都是温暖的，整个社会将是一片和气。

（毕丽华）

心灵佳句

孩子现在最需要的是鼓励和帮助，而不是妈妈的眼泪。

作为父母，我很清楚，重要的不是你给了孩子们多少物质的东西，而是你倾注在他们身上的关心和爱。

爱的坚持

张振旭

巴雷尼小时候因病成了残疾，母亲的心就像刀绞一样，但她还是强忍住自己的悲痛。她想，孩子现在最需要的是鼓励和帮助，而不是妈妈的眼泪。

一天，母亲背着巴雷尼来到一棵苦楝树下，母亲摘下一片叶子让他品尝啥味道。他咬了一口大叫："好苦，好苦！"母亲笑着说："苦楝树是苦的，但它开的花却很香。孩子，妈妈相信你是个有志气的人，希望你能用自己的双腿，在人生的道路上勇敢地走下去！你现在就像眼前的这棵苦楝树，只要坚持战胜病痛，一定会开出馨香的花的。好巴雷尼，你能够答应妈妈吗？"

母亲的话，像铁锤一样撞击着巴雷尼的心扉，他"哇"的一声，在母亲背上大哭起来。

从那以后，妈妈只要一有空，就让巴雷尼练习走路，做体操，常常累得满头大汗。有一次妈妈得了重感冒，她想，做母亲的不仅要言传，还要身教。尽管发着高烧，她还是下床按计划帮助巴雷尼练习走路。黄豆般的汗水从妈妈脸上淌下来，她用干毛巾擦擦，咬紧牙，硬是帮巴雷尼完成了当天的锻炼计划。

体育锻炼弥补了由于残疾给巴雷尼带来的不便。母亲的榜样作用，更是深深教育了巴雷尼，他终于经受住了命运给他的严酷打击。他刻苦学习，学习成绩一直在班上名列前茅。最后，以优异的成绩考进了维也纳大学医学院。大学毕业后，巴雷尼以全部精力，致力于耳科神经学的研究。最终登上了诺贝尔生理学和医学奖的领奖台。

美国作家诺埃尔说："作为父母，我很清楚，重要的不是你给了孩子们多少物质的东西，而是你倾注在他们身上的关心和爱。"这种爱的坚持，终究能使苦楝树开出芬芳的花朵。

感动微信

人们只看到成功的光艳，却不曾见到光艳背后付出的汗水。这汗水，有自己的，有亲人的。巴雷尼的母亲知道要拯救残疾的儿子，靠的不是泪水，靠的是自己在任何情况下都不能退却的付出。她知道，儿子身体上的疾病不可怕，心理上有了疾病才恐怖。

每个人都能为成功付出汗水，但能做到几十年如一日地流汗的少之又少。只有母亲能为儿子做到，只有母爱能战胜漫漫长路。

爱的坚持，能让苦楝树开出芬芳的花朵；爱的坚持，能使人在漫漫长路上幸福前行。我们要坚持，为我们爱的人，更为爱我们的人。

（刘光）

心灵佳句

无论自己走到哪里，也无论是雨天还是晴天，她的头顶始终有一把撑开的大伞。

头顶有把伞

周 礼

不知什么时候，窗外哗啦啦地下起了雨，雨滴不住地敲打着玻璃窗，溅起片片零乱的水花。陈小雨觉得雨滴不像是打在玻璃上，倒像是滴滴落在自己的心里。望着外面的大雨，陈小雨再也静不下心来听课了，她看了一眼手表，还有十分钟就放学了。正好这时老师的课也讲完了，她便托着下巴，听着杂乱的雨声，胡思乱想起来。

不知从什么时候开始，每逢下雨天，陈小雨的心情就十分糟糕。不为别的，就因为别的同学有父母送伞，而自己却没人送伞。每每看到同学撑开父母送来的雨伞时，她就羡慕得要命，紧接着就是一阵莫明其妙的失落。其实，每次下雨前，她都有所准备，包括今天，她的书包里就放着一把折叠的雨伞。可是，她仍然期盼能打着母亲送来的雨伞。

在陈小雨的记忆中，父母从未来学校给她送过伞。记得上小学二年级时，有一次，临近放学，天空下起了瓢泼大雨，许多家长都手持雨伞，焦急地等在学校门口，她以为母亲也一定夹在其中。可是，人群散尽了，她也没有看到母亲的半个影子。回到家里，她浑身全淋透了，委屈地哭着质问母亲："同学的妈妈都来送伞，你怎么不给我送呢？"

母亲听后歉意地说："宝贝，对不起！妈妈要上班，没有时间，你得学着自己想办法。"从那以后，陈小雨每天都要关注天气预报，如果第二天下雨，她就事先放一把折叠伞在书包里。有时，她还会提醒母亲不要忘记带伞。

不知不觉，放学的铃声响了起来，陈小雨木然地站起身。到了校门口，她还是忍不住朝人群中望了望，尽管她知道母亲是不可能来给自己送伞的。就在这时，一个熟悉的身影出现在她的眼前。怎么可能呢？她难以置信，轻轻地揉了揉眼睛，的确是自己的母亲。她惊喜地朝母亲挥挥手，并喊道："妈妈，我在这里。"

撑开母亲送来的雨伞，陈小雨觉得是那么的激动，那么的高兴，那么的幸福。这么多年来，母亲是第一次主动给自己送伞，而且还是在自己带了伞的情况下。她问母亲："今天怎么这么有空，想起给我送伞呢？"

母亲望着远处，答非所问地说："怕你失望，怕你难过，更怕你自卑。"

原来母亲是懂自己心的，陈小雨的心里不禁一颤。一直以来，她都觉得母亲不太关心自己，更不理解自己。但当她听到母亲刚才说的话时，才发现一切并非这样。

虽如此，陈小雨还是不解地问母亲："小时候，我特别盼望你能给我送伞，可是你总说忙，而现在我长大了，你却把我当成了小孩。"

母亲叹了口气说："因为小的时候，你不懂得自卑，那时妈妈只想让你学会独立，事事都依靠自己。其实，每次下雨，妈妈都悄悄地躲在不远处，默默地注视着你。哪一位母亲能忍心看着自己的孩子受苦呢？看到你淋雨时，妈妈的心如同被针刺一般，无数次想跑到你的面前，为你遮风挡雨，为你排除一切困难。可是妈妈心里明白，你需要成长。在妈妈的庇护下，你永远也长不大。所以妈妈才狠下心不给你送伞。"

母亲的声音有些哽咽，顿了顿又接着说：“现在，你长大了，已经养成了独立自主的习惯，而且有了爱的需求。如果妈妈再不出现，你就会在同学面前很没面子，并觉得妈妈不够爱你。其实，在妈妈的心目中，你永远都是最重要的。”

听了母亲的诉说，陈小雨不禁热泪盈眶。她没想到，一件微乎其微的小事，竟包含着母亲这样良苦的用心。

天上的雨，仍然淅淅沥沥地下着，但陈小雨的心里却晴空一片。因为她明白，无论自己走到哪里，也无论是雨天还是晴天，她的头顶始终有一把撑开的大伞。

感动微信

一个平凡的生活细节——送伞，让我们看到一位母亲爱孩子所表现出的智慧。母亲对孩子的宠爱毋庸置疑，但宠爱并不是溺爱，智慧的母亲教给孩子的是如何让她经受该有的成长，如何享受该有的幸福。在孩子少不经事的时候，母亲不给孩子送伞，是让她学会思考和独立应对生活的细节；在孩子内心成熟、敏感的时候，母亲反而给孩子送伞，是让她感受到平等和自尊，保护他在同龄孩子中的面子。

母亲的用心良苦和智慧的教育方式，是人世间母爱所拥有的又一层高度。我们更欣赏这样的母爱，它在我们成长的旅途上是一盏明灯，温暖内心也照亮前路。

每个父母表达爱的方式都不一样，有温柔的、慈祥的，当然也不乏狠心的、严肃的。小时候的我们往往不懂，甚至会误会父母。其实，一味的宠溺并非好事。他们的苦心，也是我们头顶的伞，晴天遮阳雨天遮雨。

（于一彤）

心灵佳句

镇上的千余居民，过着“世外桃源”般的生活，心地善良的他们熟识得就像一家人似的。

善良的德安克镇人，和深爱她的母亲一起，用热情塑造着一个自卑小女孩的自信。

浓情巧克力

汪 洋

一家名叫“天使之翼”的巧克力店开在了德安克镇。开店的是一对母女，母亲叫安雅曼，女儿叫阿努尔。

德安克镇环境宁静优美，但偏僻的地理位置，使其鲜有外人到达。镇上的千余居民，过着“世外桃源”般的生活，心地善良的他们熟识得就像一家人似的。突然出现的安雅曼母女，引起了德安克镇居民们的关注。

携着年仅8岁的女儿，来自纽约的安雅曼，全身荡漾着热情的气息。她是一位非常出色的巧克力师，能够做出各种样式、各种味道的巧克力。25岁那年，她与一名英俊潇洒的小号手闪电结婚。然而，女儿阿努尔不到5岁时，小号手便违背当初的誓言，丢下她和女儿，跟着一个妖媚的女人走了。

自此后，阿努尔变得非常自卑，不再和母亲以外的任何人说一句话。在多方求医后，安雅曼得知女儿在遭受父亲离去的创伤后，患了严重的自闭症。医生告诉安雅曼，她女儿的自闭症并非一般药物能治疗，必须用真爱打开其心结，重新树立她对生活的自信。

此时的阿努尔经常将自己关在家里，并疯狂地爱上了巧克力制作。看着每天沉醉于巧克力制作的女儿，安雅曼心疼无比，她多希望女儿大胆地走进屋外的世界呀！“我不要出去，我不要看到那些目光！”听到女儿恐惧的喊叫，安雅曼意识到，那是因为女儿很在意周围的人都知道她俩被抛弃的事。看着郁郁寡欢的女儿，安雅曼做出了决定：辞职，离开纽约，到一个谁都不认识她和女儿的地方去。

来到德安克镇后，安雅曼本想将女儿送进学校。但自卑的阿努尔拒绝了母亲的要求。不想女儿孤独的安雅曼，一番思考后，决定利用女儿对巧克力制作的喜爱开一家巧克力店，并坚持要求客人需要的巧克力全由女儿制作。安雅曼将巧克力店取名为“天使之翼”，希望女儿阿努尔像有翅膀的天使一样，大胆飞到外面的世界去。店子开张前，阿努尔发现母亲每天黄昏时刻都要出去，直到深夜才回来。

在安雅曼和女儿阿努尔来到前，德安克镇还没有一家巧克力店。善良的居民们在欢迎安雅曼母女的到来时，也被“天使之翼”巧克力店深深吸引了。特别是店门的墙壁上挂着一个可爱的背着一对五彩翅膀的天使，竟然和店主安雅曼的女儿长得极像。

德安克镇的居民们走进“天使之翼”，不必说自己需要什么味道的巧克力，只需走到柜台前，看安雅曼转动柜台上的转盘。转盘表面用扭曲的线条和各种颜色，画着很多动物和花朵，以及人物等图案。当安雅曼转动转盘时，顾客仔细看着转盘，在转盘停下来前，回答安雅曼的问题：“请问您看到了什么？”在听到顾客的回答后，安雅曼能够很快猜出他的心意，知道他喜欢什么味道的巧克力。如果这个客人喜欢薄荷味道的巧克力，安雅曼会喊道："阿努尔，请给客人来一份薄荷味巧克力。"很快，从不与母亲以外的人说话的阿努尔，会为客人送来一份她中意的薄荷味巧克力。

安雅曼仿佛有着神奇的魔力一般，从那个转动的小小转盘里，她可以洞悉小镇里每个顾客的心意。德安克镇的人们越来越喜欢到店里来领略安雅曼的神奇，以及忧郁的阿努尔特制的巧克力。品尝后，人们总会用热情的眼睛看着她说："这是我吃过的世界上最特别的巧克力！"

在德安克镇上，阿努尔每天都可以听到来自人们的真心赞扬。慢慢的，她的脸上不由自主地露出了久违的笑意。不久，阿努尔勇敢地走到柜台前，帮母亲转动转盘，让客人回答看到了什么。阿努尔开始与陌生人交流，她的转变，让安雅曼非常欣慰。

德安克镇的人们，到"天使之翼"品尝安雅曼母女共同制作的巧克力，几乎成为了一种习惯。几年时间过去了，人们的赞扬让阿努尔变得无比自信。而此时，她也和母亲安雅曼一起完全融入到了德安克镇的生活中。

自信的阿努尔，每天都带着迷人的微笑。德安克镇的人们见到她，总是亲切地将她叫做"巧克力天使"。在人们亲切的叫声里，阿努尔健康地成长着。20多年后，不再自卑的她成了著名的心理咨询师。面对那些自卑症患者，阿努尔总是深情地讲起她和母亲的"天使之翼"。

多年来，有个问题一直困扰着阿努尔，她制作的巧克力，在德安克镇总是得到人们的称赞，可每每她品尝自己制作的巧克力，并没有人们说的那么美味。一次，费解的阿努尔终于忍不住把心中的疑问讲给了一个镇上的居民。那个居民给她讲了一个故事：20多年前的多个晚上，德安克镇所有居民的家门都被一个年轻漂亮的女士敲开了，告诉他们她将开一家巧克力店，邀请他们前去品尝，并请求人们无论巧克力的味道怎么样，都不要忘记赞扬这是他们吃到的最好吃的巧克力。镇上的居民们明白这位女士这样做的目的是为了女儿，无比感动地答应了她的要求……

阿努尔终于明白，为什么“天使之翼”巧克力店开张前，每天晚上外出的母亲深夜归来时都很累。也明白了作为出色的巧克力师的母亲，为什么坚持要她制作巧克力。善良的德安克镇人，和深爱她的母亲一起，用热情塑造着一个自卑小女孩的自信。

感动微信

热情的人们如同春日里的太阳，温暖而舒适，用善意的谎言在逐渐消融阿努尔这块“坚硬苦涩的黑巧克力”，使之成为浓郁芬芳的巧克力泥，完成了从丑小鸭到白天鹅的完美蜕变，消磨了她因外界异样眼光而带来的尖尖棱角。而这一切都源于她有一个坚强而慈爱的母亲。

感谢在我们成长过程中给予我们指导和爱的母亲。

（陈丹）

第五辑

·伴随着我们成长的那些真知和体悟

如果你只专注于物质世界、科技、管理学、事业战略，每一天对你来说都会如同是在指挥战争一样紧张。那样你可能会丧失用更深刻的文化语言说话的能力，你会失去感受内在快乐的经历，所失去的这些都是生活的根基。

所以在你们离开大学校园后，我希望你们都能自由地开拓、创造、发现、挣大钱，但是也希望你们能把一些于人生有益的书籍带在身边，抽时间多看看。我希望你们在人生后期能拥有一种更令人钦佩的能力，那就是不再追求开拓、创造、发现，只是安然地体验生活的快乐、完美和满足。

心灵佳句

这条路蜿蜒回转，但永远是下山的正路，不能因为一点小利益放弃走正路；这条路是条平安路，走这条路一生平安。

人生正道是弯路

程 刚

我的家在大山深处，一条崎岖的山路蜿蜒通向山外。山里人靠采山货为生，每到集日便挑着山货沿着蜿蜒的山路出山赶集。

本来乡亲们每次下山都要走这条山路，但后来，几个人为了能在集市上早早地占一个好位置，他们便开辟了一条通往山下的捷径，路是近了，可危险却增大了，但还是有不少人愿意冒险走这条路。

父亲也和乡亲们一样，挑山货下山卖，但他却从来不走这条小路。我每次放暑假，都要跟着父亲一起，挑着山货担子沿着崎岖山路下山赶集。每次下山，我都对山路的弯转盘旋有许多感慨，想着这趟山路不知要走多少冤枉路。我便经常劝父亲说："爸，我们也走小路吧，那要快一些。"可父亲听后急忙摇头，坚决要走这条山路。可这样一来，我们每次赶集都占不到好地方，好位置都被那些走危险小路的乡亲们占上了，我们的山货卖得明显不如别人快，为此，我常常抱怨。父亲对我的抱怨根本不理，为什么走山路而不走小路，也成了我心中一直想解开的谜。

多年以后，我在离家千里的城市安顿下来，也将父亲和母亲接出了山村，走的那天，父亲不坐车，执意要再走一回山路，我便陪着父亲走了下来，也想趁这个时候，把我多年来的心结解开。下山的路上，我问父亲说：“爸，我一直想知道，你为什么偏要走这条山路，那小路您为什么从来不走？”父亲听了我的话，长久地站在山路上，痴痴地望着它绵延向前，眼里充满了泪花，对我说：“孩子，爸必须保证平安。爸靠卖山货供你完成了学业，几十年了，我一直平安无事。你王叔他们几个都走小路，可他们怎么样？你王叔胳膊摔断了两回，山货不知丢了多少，你四哥最危险的一次滚下了山……经常走小路的，谁能保证平安无事？”

父亲的一席话，让我陷入了沉思，是呀，那些走小路的乡亲或多或少都发生了危险。父亲拉着我坐在了路边，深情地对我说：“儿子，这条路蜿蜒回转，但永远是下山的正路，不能因为一点小利益就放弃走正路；这条路是条平安路，走这条路一生平安。孩子，这两点我一直印在心中的，但愿它能给你的人生指条路。”

父亲的一席话，让我感动了。在这条崎岖的山路上，我也懂得了人生的许多道理。人生的历程就像这条山路，要经过许多崎岖，但方向始终不能偏，始终要走正路，只有走正路，人生才会平安，这条路也会因为我们的走过显现它的价值，这个价值，也是我们人生的价值。

感动微信

家是我们人生的第一所学校，父母是我们人生的第一位老师。

父辈的人生经历和为人道理对当代的年轻人而言，是一种不可多得的财富。在父亲眼里，即便是多走些弯路，但平平安安、健健康康，不让亲人伤心，才是最重要的。他身体力行地告诉“我”，不能为小利而放弃最重要的生命和原则。

人生这条路除了坚持还要找准方向，虽然有时候这条路会很长，很崎岖，但是一定要坚持走下去，不要被各种诱惑所吸引，旁门左道、歪门邪道虽然会暂时带来一些名利，但终有一天会葬送你的人生，人生从来没有后悔药。

（梁凤美）

心灵佳句

我这时突然感到一种异样的感觉，觉得他满身灰尘的后影，剎时高大了，而且愈走愈大，须仰视才见。

独有这一件小事，却总是浮在我眼前，有时反更分明，教我惭愧，催我自新，并且增长我的勇气和希望。

一件小事

鲁 迅

我从乡下跑到京城里，一转眼已经六年了。其间耳闻目睹的所谓国家大事，算起来也很不少；但在我心里，都不留什么痕迹，倘要我寻出这些事的影响来说，便只是增长了我的坏脾气，——老实说，便是教我一天比一天的看不起人。

但有一件小事，却于我有意义，将我从坏脾气里拖开，使我至今忘记不得。

这是民国六年的冬天，大北风刮得正猛，我因为生计关系，不得不一早在路上走。一路几乎遇不见人，好容易才雇定了一辆人力车，教他拉到S门去。不一会，北风小了，路上浮尘早已刮净，剩下一条洁白的大道来，车夫也跑得更快。刚近S门，忽而车把上带着一个人，慢慢地倒了。

跌倒的是一个女人，花白头发，衣服都很破烂。伊从马路上突然向车前横截过来；车夫已经让开道，但伊的破棉背心没有上扣，微风吹着，向外展开，所以终于兜着车把。幸而车夫早有点停步，否则伊定要栽一个大筋斗，跌到头破血出了。

伊伏在地上；车夫便也立住脚。我料定这老女人并没有伤，又没有别人看见，便很怪他多事，要自己惹出是非，也误了我的路。

我便对他说，“没有什么的。走你的罢！”

车夫毫不理会，——或者并没有听到，——却放下车子，扶那老女人慢慢起来，搀着臂膊立定，问伊说：

“你怎么啦？”

“我摔坏了。”

我想，我眼见你慢慢倒地，怎么会摔坏呢，装腔作势罢了，这真可憎恶。车夫多事，也正是自讨苦吃，现在你自己想法去。

车夫听了这老女人的话，却毫不踌躇，仍然搀着伊的臂膊，便一步一步地向前走。我有些诧异，忙看前面，是一所巡警分驻所，大风之后，外面也不见人。这车夫扶着那老女人，便正是向那大门走去。

我这时突然感到一种异样的感觉，觉得他满身灰尘的后影，刹时高大了，而且愈走愈大，须仰视才见。而且他对于我，渐渐地又几乎变成一种威压，甚而至于要榨出皮袍下面藏着的“小”来。

我的活力这时大约有些凝滞了，坐着没有动，也没有想，直到看见分驻所里走出一个巡警，才下了车。

巡警走近我说，“你自己雇车罢，他不能拉你了。”

我没有思索地从外套袋里抓出一大把铜元，交给巡警，说，“请你给他……”

风全住了，路上还很静。我走着，一面想，几乎怕敢想到自己。以前的事姑且搁起，这一大把铜元又是什么意思？奖他么？我还能裁判车夫么？我不能回答自己。

这事到了现在，还是时时记起。我因此也时时熬了苦痛，努力地要想到我自己。几年来的文治武力，在我早如幼小时候所读过的“子曰诗云”一般，背不上半句了。独有这一件小事，却总是浮在我眼前，有时反更分明，教我惭愧，催我自新，并且增长我的勇气和希望。

一九二〇年七月。

感动微信

勿以恶小而为之，勿以善小而不为！生活中，我们总是希望做一些轰轰烈烈的大事儿被别人所铭记，但却忽略了我们身边那些触手可及的可以帮助别人的小事。其实，事无大小。一个人如果连自己身边的小事都做不好，时间久了，原本可以做好的事情，慢慢也就不会去做了。所以，要从身边的小事做起！

生活中我们总会遇到这样那样，开心或者不开心的事情，所谓世事无常，不如意之事常八九。当我们遇到这些事情的时候，首先要做的是如何去解决问题，而不是逃避！逃避不可能解决问题。学会面对，你会发现其实每一个问题你都可以找到解决的方法。

（吴优）

心灵佳句

人生至关重要的事是有远大的目标和达到这个目标的雄心壮志。你要找到自己的目标，并实现它。

成功其实没有多少偶然性，更多的时候是需要认真找到自己的目标，然后锁定它，并且为它而努力。

成功的途径是锁定目标

陈宏宇

前几年，我刚到这个城市打工，原以为凭自己的名牌大学毕业证和导师的推荐信一定能到这个大公司工作，可是经理看完信，知道我刚毕业，没有经验，说什么也不用我。

我垂头丧气地走出来，正在无处可去的时候，从公司里跑出了一个业务员，好心的推荐我到一个小公司应聘，我初来乍到，也就只能将就着干，几个月下来，不好也不坏。

一天下午，来了一个客人，点名要我做一个企划案，很久没有做的我却一点也不用心，随随便便的做好就给那个人送出去了，心想："反正这个小公司也来不了大人物，糊弄过去就好了。"可是不一会儿，就听说客人让我过去，我就去了会客厅。

本打算敷衍了事，可是那个客人却根本没有看我一眼，就只是低着头说："看着你的企划案，感觉仿佛是一个空荡荡的人，没有一点自己的特点，你真的让我很失望！”说着抬起头，我瞬间惊呆了，这个人居然会是那个讨厌的经理。他说完转身就走了，只留下我气得浑身发抖。

看着我横眉立目的样子，旁边的小赵却乐呵呵地笑着说：“这个客人几乎每个月都会来一次，可是没有一次是满意的。害得我们这里的企划案，做了一遍又一遍。”

我愤恨地说：“也就是说下个月他还会来？是不是？”

小赵说：“是呀！”

我一阵风似的回到了办公室，夜以继日的苦修，我一定要那个讨厌的经理知道什么是最完美的企划案，让他这一辈子都忘不了我超凡的才华，并且后悔当初没有用我。

一个月的时间飞快，终于让我等到了经理，我费尽心思地做好了他指定的企划案，忐忑不安地等待他审核的结果。当他抬头的时候，我看到了他的笑容，我知道我成功了。

他笑着说：“我们就用这个企划案了。这样你也可以正式到我们公司上班了！”

可是我却已经不想到他们公司上班，于是就婉言谢绝了。他却毫不在意地拿出了当时我给他的导师推荐信，让我看完后再决定。

原来，我的导师知道，我是一个随着环境变化，目标也会动摇的人，于是就给他的好朋友出了这个主意，目的就是为了锻炼我的能力，让我更好地找到自己的目标。

我低头想起临行时导师对我说的一番话，他说：“歌德说过，‘人生至关重要的事是有远大的目标和达到这个目标的雄心壮志。’你要找到自己的目标，并实现它。”此时我终于知道自己的目标是什么！那就是在这个城市闯出一片自己的天空。

通过几年的打拼，我已经是一家公司的经理，而我们公司的董事长就是当年那家大公司的经理。

成功其实没有多少偶然性，更多的时候是需要认真找到自己的目标，然后锁定它，并且为它而努力。

感动微信

钱钟书曾说过，“天下的偶然，都是化了妆的必然。”的确，没有人能够随随便便地成功，因为在那些成功的背后，都有一个强大的目标支撑着他们，并且把其细化为各个小的步骤，一步步去实现，目标成为了成功的助推剂。

在实现目标的过程中，你会发现，当你不推一下自己，不断地向目标迈进，永远不会发现自己的潜力有多大。因此在追逐梦想的远行中，带着目标上路，会让自己多一份从容，少一丝忧虑，让成功有具体可感的依附。

（赵彩玲）

心灵佳句

从那天起我认识到，每个人的内心都有脆弱的一面，尊重别人，就是尊重自己。

如史怀泽所说的那样：心灵也有其外衣，我们不应脱掉它。

尊严是心灵的衣裳

顾晓蕊

当我十几岁的时候，父亲鼓励我说，女孩子要举止优雅，充满自信。身为军人的父亲，一向威严有加，他的话深深印在我心里。因而少女时代的我成绩优异，且性格温和沉静。

然而，在我走进高中校园后不久，却遇到了件尴尬的事。那天，我从教室回来得有些晚，端着脸盆从宿舍出来，径直走向洗盥间。我看看周边无人，边刷牙边哼起了歌。

在我转身往回走时，看到有个女人站在前面。她披散着头发，眼眶黑而深陷，颧骨尖尖地突起，脸上像蒙了层霜。她抬手拉下电闸，周围暗了下来。昏黄的走廊灯下，只见她的眼眸如冰般透着寒意，我吓得尖叫一声，逃命似的跑开了。

我惊魂未定地跑到宿舍门口，浑身仍颤抖不已。同学琼站在那里，她显然看到了刚才的一幕，走过来搂着我的肩说："她是新来的管理员。别怕，我在这里。”

我有些隐隐的担心，以后该如何躲开管理员。还有，如果琼把这件事当成笑话说出去，同学们会认为我是胆小鬼。我仿佛看到那些嘲笑的眼光，刀子般地把我的自尊一点点剥离。

琼像是看透了我的心思似的，说：“明天咱们一起下楼，放心，这是我俩的秘密。”琼的脸白皙明净，一双美丽的大眼睛，像掉落人间的星星。更何况，她的声音那么轻柔，那么温暖，我心底的恐惧稍稍消散了些。

随后的几天，琼陪我一起上下楼。一周后，琼高兴地对我说：“那位管理员调到回民食堂了。”至于这其中她怎么交涉，怎么商谈的，她没说，我也没问。此后，我们一起度过了许多快乐时光，成了要好的朋友。

我和琼沿着校园散步，想到毕业在即，心里有些淡淡的忧伤。我跟琼提起刚开学时的那件事，自己像中了魔咒似的，害怕一张爬满悲伤的脸。我真诚地向她道谢，她的笑容淡得如水一样，说：“我给你讲个故事吧。”

初二那年的暑假，琼因家中有事，去工地找父亲。她第一次来到建筑工地，沿着别人的指引向前走去。忽然，有只巨大的“鹰”从高空飞落，溅了一地的殷红。她定睛一看，再熟悉不过的身影，当即瘫倒在地上。

等她醒来，已躺在医院的病床上。父亲的意外去世，成了她心头难以愈合的伤痛。她的眼神变得散乱，发脾气，摔东西。医生说她精神受到刺激，需住院治疗，为此她休学了一段时间。

病愈后，她回到学校。有个周末，老师组织学生爬山，要求全班同学都得参加。她在笑声的裹挟下来到了山脚下，跟随大家沿阶而上。爬到半山腰时，她转过身，看到下面如蚁的人群。她想起父亲，脸色大变，身体渐渐下沉。

跟在后面的老师发现她神情异样，冲上前扶住了她，抬头说："我的脚扭伤了，班长带队，你们先往上爬。"待同学们走过去，他半搀半背地把琼扶下山，打车送她回家。

琼的母亲慌忙道谢，老师说："让她好好休息一下，我还得回山上。"老师一路小跑着走了，步伐矫健，原来他撒了个善意的谎言。她说："我一直记得那位老师，记得他在毕业留言册上写的话：尊严是心灵的衣裳。"

"还有件事，我没告诉你。"她轻咬着嘴唇，说："那位管理员……是我妈妈，她放心不下我，到这里来打工的。"我顿时惊呆了，她灿烂的笑容背后，有着这么多的伤痛。她把这一切做得不显山不露水，只为让我的高中时光过得愉快。

从那天起我认识到，每个人的内心都有脆弱的一面，尊重别人，就是尊重自己。如史怀泽所说的那样：心灵也有其外衣，我们不应脱掉它。

感动微信

生活中充满各种意外，在不经意的时候，我们可能会遇到一些尴尬、不愿面对的事件。这个时候，我们希望的可能不是别人的帮助，而是别人的“忽视”。如果走在路上，看到一个我认识的女孩不小心摔倒，没有受伤，那么我不会特意跑去扶她，因为我了解这时候她只是感到尴尬，不希望有认识的人发现她狼狈的样子。

我们每个人都有尊严，都有不愿意被别人看到的狼狈的一幕。如果你曾经看到过这一幕，那么请你不要以关心为理由说出口，而是默默地保护这份尊严。

（钱雯雯）

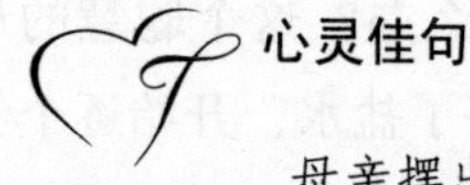

母亲摆出一场爱的盛宴，只等着她心爱的小鸟来啄。

爱的盛宴

张丽钧

我过去教过的一个正在读大四的学生放寒假后到学校来看我。我问他："回到家感觉好不好？"他说："当然好，好极了！不是跟您吹，我妈做的饭，称得上是世界一流！管够，还唯恐你吃不好！我妈劝起饭来没完没了，弄得我的减肥计划彻底泡汤，可我这心里头哇，却乐着呢！老师，我总记得您讲过的那个吃饺子的故事，一想起那个故事，我就把我妈妈做的饭品出了一种特别的滋味。"

我心头一热，说："难得你还记得它。"

我的确曾给学生讲过一个发生在我朋友身上的真实故事——朋友在外地工作，常年不回家，母亲盼呀盼，终于得到了儿子要在除夕之夜回家的喜讯。那天，在爆竹声中，母亲包好了三鲜馅儿饺子，专等着儿子回来后下锅。馅儿是精心调的，应该正对儿子的胃口；但是，母亲心里还是有一些忐忑，她想预先知道这饺子的咸淡，便煮了两个来品尝。一尝之下，母亲大惊失色，饺子馅儿里竟然忘了放盐！母亲看着两屉包好的饺子，绝望之极。她知道可以让儿子蘸着酱油吃，她也知道即便蘸着酱油吃儿子也会欢呼"好吃死了"，可她不愿意让千里迢迢赶回家来的儿子吃到有缺陷的饺子，怎么办？这个聪慧的母亲，居然从邻居那里讨来了一支注射针管，调好了盐水，开始逐个给饺子“打针”。儿子回到家时，饺子也注射完毕。母亲煮好了饺子，让儿子尝尝饺子的味道如何。儿子尝了，连说“好吃”。这时候，母亲得意地举起那支针管给儿子看，向儿子夸耀说她可以将一个缺陷修复得让他察觉不出来。可是，儿子听着听着就哭了，他在想，这些年，他一个人在外面打拼，也曾吃过很多饺子，那些饺子，咸的咸，淡的淡，他都咽下去了，有谁，能像母亲这样在意儿子的口味？为了让儿子吃到咸淡适宜的饺子，母亲竟想出了这样高妙的法子。吃着这样交织着母亲的爱与智的饺子，哪个孩子能不动容？

我多么欣慰，几年前，我将这样一个暖心的故事植入了孩子们的心田，我本不指望收获什么的，甚至以为那听故事的人很快就会将它淡忘了，但是，这个同学居然能把这则故事铭记这么久！我相信，铭记着这则故事的人会珍惜母亲做的每一餐饭，会在寡淡的饭菜中品出一种难得的真味与厚味。母亲摆出一场爱的盛宴，只等着她心爱的小鸟来啄。幸福的小鸟哇，你无须刷卡，只管用欢畅的啄食来尽情享用这人间珍馐吧。

感动微信

一个母亲为了让多年未回家的儿子在除夕之夜吃一顿美味的饺子，竟然会想出给忘放盐的饺子注射盐水针的妙计。为了完成一场爱的盛宴，一个母亲会想方设法、动用所有可以用的手段。尽管作为孩子，他不会在乎饺子到底味道如何，因为母亲的爱已经在他的心里溶解成最美的味道了。

毋庸置疑，天下各种感情中母爱是最无私、最珍贵的。唯有母亲可以不计回报、倾其所有为孩子付出，母亲也不求孩子能在出人头地后报答自己，看到孩子能健康快乐地成长就是她们最大的安慰了。

（同恩）

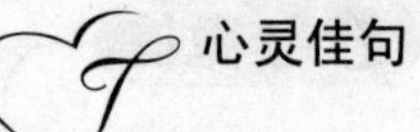

心灵佳句

原来这小小的生物对自由理解得竟是这样的深刻。

一件小事的触动

［美国］索尔·贝娄　白雪（译）

八月的一天下午，天气很热。我住处的前面有一群孩子正在兴奋地捕捉那些五彩缤纷的蝴蝶，这使我想起了小时候的一件往事。

那时候我住在南卡罗来纳州，12岁的我常常把一些野生的小动物捉来关到笼子里玩，而且乐此不疲。我家住在树林边上，每到黄昏很多画眉鸟回到林中休息和唱歌，那歌声悦耳动听，没有一件人间的乐器能奏出这么优美的乐曲。我当机立断，决心捉一只小画眉放到我的笼子里，让它为我一个人唱歌。

果然我成功了。那鸟先是不安地拍打着翅膀，在笼中飞来扑去十分恐惧。后来就安静下来，承认了这个新家。站在笼子前，我听着小音乐家美妙的歌声，兴高采烈，真是喜从天降。

我把鸟笼放到我家后院。第二天我发现有一只成年的画眉在专心致志地喂小画眉，不用说这一定是小画眉的母亲，果然在她的呵护下，小画眉一口一口地吃了很多类似梅子的东西。我高兴极了，真不错，我竟找到了一个免费的保姆。

次日再去看时，我大惊失色：小鸟竟已经死了，怎么会呢？小鸟难道不是得到了最精心的照料了吗？我对此迷惑不解。

后来著名鸟类学家来我家做客，我在闲聊的时候，和他说起了这件事情。他听后做了解释：当一只美洲画眉发现她的孩子被关在笼子里之后，就一定要喂小画眉足以致死的毒梅，她似乎坚信，孩子死了总比活着做囚徒好些。

这话犹如雷鸣似的给了我巨大的触动，我好像一下长大了。原来这小小的生物对自由理解得竟是这样的深刻。从此，我再也不把任何活物关进笼子，一直到现在，我的孩子也是这样。

感动微信

这篇作品文短意长，抒写了一曲悲壮感人的自由之歌。成年画眉鸟执着地坚守“宁愿失去生命，也决不做囚徒”的信念，用毒梅毒死了她的子女，这种强烈的自由意识，印证了哲人的一句名言：“每一个生命，都拥有自己的骨气和自豪。”文章的深刻性还在于，听了鸟类学家的解释后，“我”对自己的心灵展开了审视和矫正，并把这种尊重和崇尚自由的道德观念付诸实践，传给下一代。

我们在其中得到的又是什么呢？在现实生活中，我们往往放弃了珍贵的自由。当我们努力地考试，我们放弃了该有的享受知识的自由而被成绩所禁锢；当我们与人相处的时候，我们放弃了该有的互相理解的自由而是被猜忌所禁锢，我们人为地给自己规定了这样那样本不合理的规定，将自己的自由禁锢起来，原来，我们连鸟都不如。

但愿所有已经努力过却依然为成绩哭泣的孩子，能想起这样自我释放的鸟儿，也能拥有珍贵的心灵自由。

（文科）

心灵佳句

“不要气”，教我做一个豁达乐观的人；“不要争”，教我做一个宽容厚道的人；“不要急”，教我做一个镇定从容的人。

父亲的三句箴言

郑传省

父亲是位农民。他幼年失怙，家中贫穷，没有上过学，因而目不识丁。幸亏“生活是本无字书”，他从生活中汲取了诸多人生经验和生活智慧，令我至今记忆犹新。

30多年前的一个冬夜，父亲有事出门，母亲睡在牛棚里看牛。半夜，窃贼把牛棚的后墙掏开一个大洞，偷走了牛。那时，牛是农家的“半边天”，耕地、打场都指望着它。这下“半边天”塌了，母亲自责得吃不下饭。父亲回来，不但没怪她一句，反而微微一笑安慰她说：“不要气。大风刮走鸭蛋壳，财帛去了人安乐。”后来，父亲借钱又买了一头小牛。

曾经，我家和二叔家共住一座老宅子。后来分家时，家当应一家一半，但二叔蛮不讲理地霸占了大半。父亲不和他争，母亲责怪他窝囊，他却淡淡一笑：“不要争。争名夺利是枉然，临死两手攥空拳。”过了几年，二叔因为和他儿媳妇争一点儿菜地，气得突发脑溢血，匆匆离世。

那年，父亲从集市上买回一棵核桃树栽在院子里，栽好之后，他摸着我的脑袋说：“桃三杏四梨五年，枣树栽上就卖钱。等着这棵核桃树给你结核桃吃吧。”可是，我在树下眼巴巴地盼望了好几年，却仍然一个核桃也没结。听人说，核桃树有公母之分，母的结果，公的不结果。年年失望惹得我一肚子怒火，我拿着一把锯子对父亲说：“这棵核桃树是公的吧？还不如锯掉算了！”父亲拿过我手中的锯子，呵呵一笑：“不要急。天地从容，万物从容。”

我只好耐着性子又等了一年，它终于结出了许多青青圆圆的核桃。秋天，核桃成熟了，敲破果壳，吃着清香的核桃仁，我想，父亲的话是对的。天地从容，万物从容，人也要从容。

如今，每当闲暇时，我爱细细品味父亲的这三句箴言：“不要气”，教我做一个豁达乐观的人；“不要争”，教我做一个宽容厚道的人；“不要急”，教我做一个镇定从容的人。这三句箴言虽然简短，却意义深远，每一次品味，都能促我反躬自省，让我受益匪浅。

感动微信

人生的智慧不在于知识的多少，而是对生命感悟的深浅，只有深刻地思考过的人生，才是有意义的人生。文中的父亲虽然只是一个目不识丁的普通农民，但是他俨然是一位具有深沉的人生智慧的智者。“世事洞明皆学问”，大道至简，人生是一个过程，心境的好坏决定着生活的质量，所以父亲的这“三不要”的生活原则，也是我们正确对待生活中各种不如意事的基本原则。豁达、厚道、从容是一个成熟而睿智的人应该具有的基本素质，也是当今时代时刻在呼唤的正能量。

（李雁彬）

· 永远怀着赤子的虔诚

我不在乎多少梦幻已经成空
我不在乎多少追寻都成泡影
在春天的季节里　谁愿意是
醉生梦死　梦死醉生
山峰挡不住我　河流挡不住我
噢，一往无前
我是青春的风

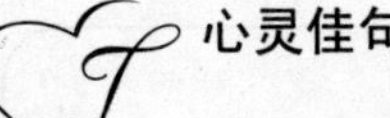

心灵佳句

我生命开始的时候是这样/现在长大成人了，依旧这样

虹　彩

[英国] 华兹华斯　飞翔（译）

每当我看见天上的虹彩
我的心就欢跃激荡
我生命开始的时候是这样
现在长大成人了，依旧这样
将来我老了，也不会因岁月增加而改变
否则，就让我死亡
儿童是成人的父亲
在我有生之年，我希望
永远如赤子一样　怀着虔诚

感动微信

彩虹是自然景观。诗人没有刻意描写彩虹的美丽，而是反复强调不可改变的心情——看见彩虹，“欢跃激荡”，否则就让我死亡。由此，我们深切感到诗人对大自然的挚爱。“儿童是成人的父亲”，是对人生意义的探索，富有哲理，寓有深意，反映了诗人向往纯真、善良、快乐的感情。

（文科）

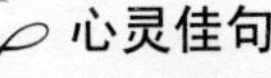

心灵佳句

晴朗的夜晚温度悄然变得冰凉/凄凉的明月把清辉洒满地面

我不再去回去

[西班牙] 希梅内斯　河岸（译）

我已不再回去
晴朗的夜晚温度悄然变得冰凉
凄凉的明月把清辉洒满地面
世界早已入睡

我的躯体已不在那里
而清凉的晚风
从敞开的窗户吹进来
低声寻问我魂魄的所在

我已很久不在这个地方了
不知是否有人还会把我想起
也许在一片柔情和泪水中

有人会亲切地回想起我的过去

但是还会有鲜花和星光
叹息和希望
和那大街上
浓密的树下情人的笑语

还会响起钢琴的声音
就像这寂静的夜晚常有的情景
可在我住过的窗口
不再会有人默默地倾听

感动微信

诗人以一个亡灵的身份，表达了对人世的热爱与留恋。

生命中，不断地有人离开或来到；生命中，不断地有得到和失去。然而，看不见的，是不是就等于不存在？记住的，是不是永远不会消失？世界的一切仍在延续。无可复苏的是时间与生命，它有回声，但无法抓住。也许在某个夜里，某处传来的仙乐会把那些亡灵们带到一个不再孤独的地方！

（吴杰）

心灵佳句

你带着无际的云彩过来了/你带着一望无涯的碧绿大地过来了/你带着长夜的等待和故乡浓浓的清风过来了

满怀的喜悦，就如今日的阳光一样/灿烂地笑着，如我们的孩子一样笑着

等 待

闻 兰

你带着无际的云彩过来了
你带着一望无涯的碧绿大地过来了
你带着长夜的等待和故乡浓浓的清风过来了
满怀的喜悦，就如今日的阳光一样
灿烂地笑着，如我们的孩子一样笑着
穿过葱郁的秦岭，穿过中原大地
从远方，急促地呼啸着向我而来

我在镜子前整整衣衫
顺手把你到达的时刻一遍遍写下
我在窗前看看蔚蓝的天空
顺手把你到达的时刻一遍遍写下

电话响了，也不知是谁
我一遍遍把你到达的时刻写下

2006年8月15日北京

感动微信

漫长的等待终于有了美满的结局，久别的人即将重逢，内心的喜悦与激动难以言表。

“我”在数尽庭前花开花落后，听到了“你”将回来的消息。精心伪装的平静的心，瞬间掀起万丈波澜。只要能与你相见，虽衣带渐宽，面容憔悴，再不觉苦。想你为了能与我相见，定是归心如箭吧，你托青鸟捎带的信息早已将我的心填满。

又一次，“我”坐在镜前，轻抚发丝，心中忐忑不安，怕红颜弹指老，我已不是“你”梦中的情人。心中一遍遍念着你到达的时刻，每一秒都像一个世纪那么漫长。

（刘晓静）

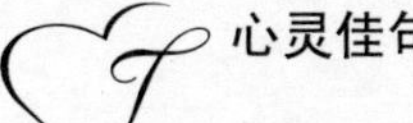

心灵佳句

荒废的歌坛，那里百鸟曾合唱。

看见了这些，你的爱就会加强，/因为他转瞬要辞你溘然长往。

十四行诗

（七三）

［英国］莎士比亚　朱生豪（译）

在我身上你或许会看见秋天，
当黄叶，或尽脱，或只三三两两
挂在瑟缩的枯枝上索索抖颤——
荒废的歌坛，那里百鸟曾合唱。
在我身上你或许会看见暮霭，
它在日落后向西方徐徐消退：
黑夜，死的化身，渐渐把它赶开，
严静的安息笼住纷纭的万类。
在我身上你或许全看见余烬，
它在青春的寒灰里奄奄一息，
在惨淡灵床上早晚总要断魂，

给那滋养过它的烈焰所销毁。
看见了这些，你的爱就会加强，
因为他转瞬要辞你溘然长往。

感动微信

莎士比亚十四行诗大约创作于1590年至1598年之间，其诗作的结构技巧和语言技巧都很高，几乎每首诗都有独立的审美价值。诗集分为两部分，第一部分为前126首，献给一个年轻的贵族（Fair Lord），诗人的诗热烈地歌颂了这位朋友的美貌以及他们的友情；第二部分为第127首至最后，献给一位“黑人女士”（Dark Lady），描写爱情。

第73首诗通过生动形象的比喻，在画面的跳跃与更替中展示了诗人对于生命的热爱和赞美、对人生全貌明镜般的揭示以及对于人世间一切悲喜的概括。

这世界上一切的生命都有消逝的一天，一切的悲喜都有烟消云散的一刻，如此一想，我们怎能不真心地去爱着呢？

（王丽珍）

心灵佳句

很久很久以后，在橡树上/我找到那支箭，还不曾折断；/还有那支歌，也被我找到，/从头到尾藏在朋友的心间。

箭与歌

[美国] 朗费罗　文珍（译）

我向空中射出一支利箭
不知道它落向何方
它飞得好快啊
连眼睛跟不上它的踪迹

我向空中吐出一支歌
不知它落到何方
谁有这样犀利、神速的眼力
能追上歌声的飞翔

很久很久以后，在橡树上
我找到那支箭，它还不曾折断
还有那支歌，也被我找到
它从头到尾藏在朋友的心间

感动微信

美丽的友情是一种在时光的长河中，历尽岁月沧桑却永不褪色的惺惜与高尚。无论分开多久，无论尘封多少年，再相聚的时候，我们依然记得它。

丛林里的古老民族，流传着一种说法，当他们走得太快的时候，总是会停下脚步，无论是累或者不累，都会找一个地方坐下来，他们说："身体走得太快了，灵魂还没有跟上来。"

我们偶尔也需要停下脚步，让那些曾经的美好记忆和那些无忧无虑的时光，在相逢的那一刻被记起，原来我们仍旧那么熟悉，无论相隔多远，分离多久，友谊是永存的。

（左夏琳）

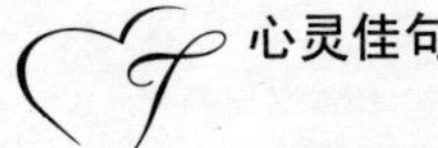
心灵佳句

白桦林像三颗星星倒映在水池中/温暖着老母亲的愁思

我辞别了我出生的故居

[俄国]叶赛宁　见龙（译）

我辞别了我出生的故居
离开了蓝天之下的俄罗斯
白桦林像三颗星星倒映在水池中
温暖着老母亲的愁思
月亮像一只金色的蛙
扁扁地趴在安静的水面
老父的胡须已一片花白
好像那流云般的苹果花——
我的归期呀，遥遥无期

风雪将久久地歌唱不止
唯有老枫单脚独立
守护着天蓝色的俄罗斯
那些喜欢亲吻树叶如雨一样飘落的人
见到那棵树肯定喜欢

就因为那棵老枫树啊——

它的容颜像我的容颜

感动微信

故乡是每个浪子心灵的港湾。

儿子离家时，母亲舍不得让儿子走，害怕儿子在外吃苦受罪。儿子看见父亲花白的胡须，多了无限的牵挂。离家不是儿子的本愿，可是儿子必须要走。儿子走了，家园里留下了两位白发苍苍的孤独老人，无法预知何时归来。

也许过了很多年，儿子回来时，不知道是否还能见到父母？这一切只有那棵老枫树去见证了。

（弥建斌）

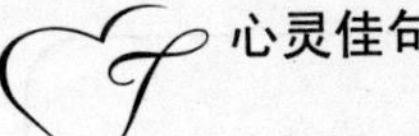

心灵佳句

妹妹的成熟是一种痛/我不告诉别人/我只大声地喊给树洞

妹妹成熟

扎西才让

生命如此鲜活　成熟在意料之中
正如这个秋季
水果装箱　妹妹出嫁

妹妹的成熟是一种痛
我不告诉别人
我只大声地喊给树洞

成熟不可阻扼　这惯性的力
正如这个秋季
那些草都结了籽

草籽　草籽
一半想孕育生命
一半如我，死守着内心的秘密

感动微信

一天天地长大、成熟是不可抗拒的，长大后的妹妹自然就有了内心的秘密，她会沿着憧憬已久的方向离我而去，难以割舍的情感成为一种淡淡的伤痛。秋天是成熟的季节，正如一枚汁水丰盈的水果，刚刚成熟的妹妹嫣然动人。生命就是一个逐渐成熟，生生不息的孕育过程，美丽的妹妹总是令人充满无尽的向往，生命因那些深藏的秘密而更加诱人而丰满。

诗歌自然而流畅，清新明快，在纯净中透出莫名的伤感。

（李雁彬）

心灵佳句

向着清晨的太阳　放飞梦想

目标在前方　在很遥远的地方/我不知道它叫什么　但一定/有织布的仙女　在磨坊前漂纱/我一定能达到

走在三月布满晨露的乡间小道上

闻　兰

向着清晨的太阳　放飞梦想
我童年　或者很久以前
怀着清澈如湖水的心愿
独自沿着护城的河堤行走

目标在前方　在很遥远的地方
我不知道它叫什么　但一定
有织布的仙女　在磨坊前漂纱
我一定能达到

水车附近有金碧海辉煌的宫殿
有固守多年的繁华之城
行人如织　身穿铠甲的士兵

年复一年　守护劳作在四季的百姓

我是那梦里走出来的孩子
穿着母亲做的千层底的布鞋
沿着清晨的金色的晨光
漫无目的　走在三月布满晨露的乡间小道上

感动微信

岁月无痕，谁也无法阻挡。我们在时光的流转中慢慢成长，不知你是否还记得你童年的梦想，童年的我们总是高傲地行走在梦想的路上，一不小心却被现实把梦想偷了去。

每个人心中都会有一片纯洁的土地，土地上最珍贵的，莫过于自己的梦想。我们心中都应有个坚定的信念，那就是梦想终有一天会实现。无论它看起来多么遥不可及，只要我们一直向它走去，总有一天会到达。

花开花落，春去春来，时间匆匆行过，告诉自己不要再虚度年华。既然我们有美好的梦想，那就满怀一腔热血去追寻吧！纵使历尽艰险也不放弃，坚持梦想的人生每一分钟都有意义。

（刘晓静）

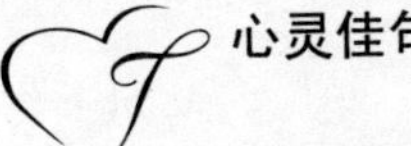

心灵佳句

羞涩的新月躲在棕榈树茂密的叶林/羞得若隐若现

归　来

[阿根廷]博尔赫斯　飞翔（译）

结束了漫长的流亡
回到了童年的故土
旧时院落的形态我已淡忘
唯有触摸那老树的枝干
能使我忆起曾经的梦魇

我重新踏上过去的小径
突然产生了久违的灵感
望着黄昏渐渐降临
羞涩的新月躲在棕榈树茂密的叶林
羞得若隐若现
好像鸟儿埋进自己的小巢

我重新踏上过去的小径
突然产生了久违的诗兴

望着黄昏渐渐降临
羞涩的新月躲在棕榈树茂密的叶林
藏藏匿匿
恰似鸟儿埋进自己的窝里

房子重新将我容纳
问庭院的围墙包揽过多少日月星辰
交叉的小径承载过多少壮丽的晚霞
还有那娇美的新月
曾经把多少温柔洒在路旁的花坛

感动微信

这首诗中，诗人回到儿时的地方，忘记了房子的旧模样，可是古老而茂盛的老树干，曾经走过的小径都给诗人带来过去的微笑与感动。走过那条小径，找回了最初的激情与灵感，那茂密的叶林，遮掩着月亮的相遇与别离，多少心思，当年曾对着月亮诉说？那自然的神奇同诗意的回忆让老屋也变得诗情画意，流光溢彩。

当我们已经长大，远离故土，在流浪中感受着世界的博大与精彩，喧嚣与自负，是不是已经忘了儿时那多情而静谧的院落？

（李金光）

心灵佳句

哦，求索者，哦，有情人，/你降临人间，满怀激情，/以哪一种纯光/点燃心灵之灯?

哪个恋人/使你落泪伤怀?/转而兴高采烈，/是因为有了情侣?/忘却死亡，/哪一片生命之海上你快乐地游弋?

心灵之灯

[印度]泰戈尔　郑振铎（译）

哦，求索者，哦，有情人，
你降临人间，满怀激情，
以哪一种纯光
点燃心灵之灯?
茫茫人世，
悲恸猛叩你的心弦，
笑对困境，
你受了哪位慈母笑颜的感染?
为寻觅谁
你宁可烧毁愉快?
哪个恋人
使你落泪伤怀?

转而兴高采烈，
是因为有了情侣？
忘却死亡，
哪一片生命之海上你快乐地游弋？

感动微信

心灵之灯是每个人神明的护佑。我们降临人间之时，就有纯光来守候我们的心灵之灯。所以在茫茫人世，遇到困难时，我们会在心灵之灯的护佑下笑对困境。在爱情的悲伤和人世的不如意里，我们不会迷失放纵，而是在泪光里重寻希望和快乐，甚至忘却死亡，在生命之海上惬意游弋。

诗人呼唤我们要点燃，擦亮自己的心灵之灯，用最初的纯洁来点燃，用生活的历练来呵护，用爱的虔诚来点亮。所以，心灵之灯也是我们的灵魂之灯，我们的一生都在它的照耀里寻找勇气和光明。甚至面对死亡的威胁，也要用它来给我们温暖、回忆和力量，才能在人世的路途上“生如夏花之绚烂，死如秋叶之精美”。

（李金光）

心灵佳句

也许是苦苦累积的疲惫和岁月/像大海刚刚产生的潮汐一样/伸向被遗弃的悲痛的码头

阴 影

[智利]巴勃罗·聂鲁达　河岸（译）

要考虑什么希望，什么纯粹的征兆
要在心里埋葬什么真实的亲吻
而向孤苦和智慧的缔造者低头
温柔而安全，在永远无法平静的地域

为了永恒的幸福，要在我麻木的肩上
用什么方式供奉什么翅膀灵活的梦想天使
那通向死亡星宿的路，才是
许多个日子　许多世纪以前开始的艰苦飞行

也许多疑的生灵生来怯弱
忽然寻觅永久的时空
也许是苦苦累积的疲惫和岁月
像大海刚刚产生的潮汐一样

伸向被遗弃的悲痛的码头

唉，让现在的我继续存在和终止存在
让我的屈服遵从钢铁的规则
只求死和生的战栗不被打扰
希望能留给自己生命的深处

那么，现在的我，在某个地方　在所有时间里
将成为铁定的热切的证人
不断谨慎地破坏自己，成就自己
矢志履行最初的承诺

感动微信

巴勃罗·聂鲁达是一位诗人，同时也是一位激昂的革命者，他在接受诺贝尔奖的时候便说过："我认为，我作为诗人的责任，不仅要爱玫瑰花与谐音、炽热的爱情与无边的乡愁，也要爱我写在诗里的人类那些艰巨的使命。"

诗中，巴勃罗·聂鲁达不止一次表达了对国家的眷恋，对这片被硝烟弄得伤痕累累的故土的怜爱。多年的战争，让他很疲倦，但是即便如此，就算在生死面前，他也坚定着自己的信念，始终明确着自己的使命。

（左夏林）

第七辑

·展开稚嫩的翅膀在风雨和阳光中飞翔

越黑暗的日子里越需要阳光的照耀，越寒冷的时候越苛求阳光的温暖。阳光，可以驱散的不仅仅是外界的阴暗，阳光，带给我们的更多是对未来的希望。

小路被照得闪闪发亮，连树的枝丫仿佛也在阳光的抚摸下轻轻颤动。那种给人以力量的温暖，是能赶走阴霾的耀眼存在，是能指引梦想，带来希望的存在。我深切地希望它存于我们每个人的心中。每当你难以为继，每当你哭湿了枕头，每当你觉得前路漫漫，请让它指引你、鼓励你、温暖你，让你找到继续下去的力量。

心灵佳句

他们聊起各自的梦想，他说将来想当一名歌手，弟弟说愿化作蒲公英的种子，随风飘向广袤的天地。

就在半梦半醒之际，他感觉自己化作一缕清风，吹起洁白的蒲公英，飘向那不知名的远方。

风吹起蒲公英的那一刻

顾晓蕊

十岁生日那天，母亲送他一份特别的礼物，那是一把红棉吉他。母亲是位乡村音乐老师，她轻轻拨动琴弦，流淌出美妙的乐曲。他听得着了迷，缠着母亲教他识谱，教他弹唱。

过了一段时间，他的指尖也能如蝴蝶般在琴弦间飞舞。那时日子虽然清苦，却有无数快乐。可是，两年后，母亲因病去世。想念母亲时，他就抱着吉他轻轻弹唱，让琴声带走内心的悲伤。

有一天，他放学回家，父亲指着位个子瘦高的女人，说是他的继母。女人身后站着个年龄与他相仿的男孩，父亲说这是弟弟。他的心猛地一疼，难道父亲忘记母亲了吗？

仅靠几亩薄田，已难以维持生计。为了养家，父亲到附近的砖场打工，偶尔买回些零食，分给弟弟多些，他少些。他觉得父亲果然变了，心里更觉悲凉。

又是一个周末，父亲回家，从包里掏出两个苹果。红红的苹果又大又圆，散发着诱人的光泽，馋得他直咽口水。父亲当着继母的面，把苹果递给弟弟，扭身想对他说些什么，他赌气跑开了。

他躺在床上，想起刚才的一幕，泪水悄然滑落。这时，有人推门进来，是继母。他合上眼，假装睡着。继母在床边坐了会儿，给他掖掖被子，随后，轻轻地离开。

他侧过身，碰到凉凉的东西，掏出一看，是个苹果。他心头一暖，委屈消散了许多。自那以后，每每父亲捎回些好吃的，继母总让弟弟给他留上一口。

继母无声的关爱，为他孤独的心灵打开了一扇窗。他和弟弟的感情日渐融洽起来，弟弟的成绩好得出奇，让他这个做哥哥的自愧不如。

那天，他和弟弟并排躺在田野上，风轻轻地吹着，周围丛生着一片片蒲公英。他们聊起各自的梦想，他说将来想当一名歌手，弟弟说愿化作蒲公英的种子，随风飘向广袤的天地。

就在他对未来充满憧憬时，不幸再次降临。父亲在下班回家的路上遭遇车祸，病危之际，拉着他的手说，孩子，我所做的一切，都是为了这个家。

多年的误会和责怨，顷刻间烟消云散。他深情的呼唤，最终没能留住父亲。父亲走后，继母一下子苍老了许多，她常坐在那里发愣，任忧愁爬满脸庞。

他想了又想，做出一生中最重要的决定。他对继母说，我到外边打工，挣钱供弟弟读大学。继母低声说，我一个妇道人家，没啥能耐，让你跟着受苦了。她用手指绞着衣角，两滴泪水落了下来。

第二天清晨，他留下一封短信，背起心爱的吉他，悄悄地离开家。他来到一家建筑工地，干着又脏又累的活，在飞扬的尘土里，抛洒辛勤的汗水。

最困难的时候，他住廉价的出租屋，被成群的蚊子叮咬，后来，干脆裹着床单睡觉。为了省钱，他甚至连着一个月，每顿只吃盐水煮面条。他把节约下来的钱，寄往家里。

偶然的一个夜晚，他看到有人在街头弹唱，生意似乎还挺火，心中一阵暗喜。弟弟正读高中，购买复习资料，需要更多的钱。他把吉他擦拭一遍，调好弦，对着乐谱苦练了几十首曲子。

他穿行在繁华的夜市，用心弹奏每一个音符。有的听众被他的歌声吸引，拍手叫好。但也有醉酒的人，拿他取乐，推搡中将他撞翻在地。他爬起来，拍拍身上的尘土，转身离去。

来到城市这些年，他学会了隐忍。不管人生的际遇多么黯淡，他从没有忘记当初的梦想，并用自身微弱的光芒，去照亮弟弟前行的路。

就这样，他白天在工地干活，晚上到街头弹唱。终于盼到这一天，他收到弟弟的来信，弟弟以优异的成绩，考上理想的大学。他接着往下读，读着读着，泪水洇湿了信纸。

原来，弟弟曾到工地上找过他，工友们说，他下班后，到街头唱歌去了。弟弟转过几条街巷，看到抱着吉他弹唱的他。弟弟听得泪流满面，忍了又忍，没有喊出声来。

弟弟说，当时他就下定决心，要用最好的成绩回报哥哥。考上大学后，可以边学习边做兼职，这样哥哥就不用那么辛苦。弟弟还说，母亲很挂念他，让他有空多回家看看。

那天晚上，他破天荒地买了酒，还有几碟小菜，跟几位工友一起庆祝。他跟工友们碰杯，声音很大地说，我弟弟考上大学了。他的语气是那么骄傲，那么自豪，仿佛考上大学的是他。

他生平第一次喝醉，倒在床边，微闭着眼，脸上露出幸福的笑容。就在半梦半醒之际，他感觉自己化作一缕清风，吹起洁白的蒲公英，飘向那不知名的远方。

感动微信

这个饱受不幸的家庭中弥漫的人间真情何其感人！

都说家是最温暖的港湾，但是想维系好一个家庭其实并不容易，更何况是重组家庭。父亲用他淳朴却实用的智慧，继母用她简单却真诚的善良，打下了这个重组家庭的基石，重构了一个温暖的家。可命运的风雨无情，不幸再次降临，父亲走了，这个家又塌了半边。最后是哥哥毅然撑起了它，保护了这个家。

哥哥用他并不强壮的肩膀，扛起了一个家，扛起了弟弟的梦，也扛起了自己的梦！如果你的梦想是在远方，那么我将化作清风托你前行。这是一份付出，是一份坚持，也是一条走向未来的路。命运无情，爱可以构筑最坚固的家！

（钱雯雯）

心灵佳句

“原来我们锦袆的窗花，不是用剪刀剪的，而是用手剪的啊！”我打趣到。

“我每次只能剪一个形状，”儿子话一出口，我们都哈哈大笑起来，儿子不打自招地笑着说：“我瞎撕的……”

原来纸还可以这么玩

张素燕

和儿子一块去超市。儿子直奔文具区，左挑右选了半天，拿了两沓儿彩纸出来，说新年到了，要剪窗花，贴在窗户上。

回到家后，儿子径自地坐在沙发上看电视。在我做饭的时候，儿子进厨房，拿着一张已经“剪”成形的彩纸让我看。啊，太精彩了。刚刚还是正方形的彩纸变成了婀娜多姿，曲折奇异的小窗花。

“真是太漂亮了。这是你做的？”我有点不相信。

“嗯。”

“是老师教的吧？”

“不是，我自己想的。”儿子边说边比划着要把窗花贴在厨房的窗户上。

“哎，这儿不能贴。窗户上都是水气，贴不了东西的。”我正忙着做饭，赶紧把儿子支开。

饭间，儿子又时不时地变化出一个一个风格迥异，各有千秋的小窗花。我这才注意到，他是用手撕的彩纸。

“原来我们锦祎的窗花，不是用剪刀剪的，而是用手剪的啊！”我打趣到。

“妈，你把这张纸对折，再对折，一直折下去。”正在做作业的儿子交给我一个任务。

我心不在焉地一边看杂志，一边漫不经心地对折着彩纸。

“哎呀，这么小啊，我都撕不动了。”儿子接过彩纸说。

儿子又把彩纸返回了两折，然后，撕了几下，撑开一看，啊，太神奇了。一个菱形的花瓣出来了。中间镂空的小孔，如阡陌交通的桑田，又如碧天里的星星，又如袅娜的花朵。儿子顺势把这个窗花对折一下。

“看，像什么？”

“蜘蛛侠。”儿子抢先说。

儿子又把窗花对折一下。然后毕恭毕敬地对我说：“妈，请喝茶！”

还别说，太像茶杯了。

突然，儿子一不小心弄破了一个角儿。

“哎呀！”我们都很惋惜这个变化多端的作品。

“没事儿，你再重新剪一个。”

“我每次只能剪一个形状，”儿子话一出口，我们都哈哈大笑起来，儿子不打自招地笑着说：“我瞎撕的……”

后来，儿子干脆把普通的作业纸裁成正方形，然后再一一的对折。这样，一个又一个的窗花，从儿子的手里诞生了。

“飞机，呜——呜——”

“导弹，轰——轰——”

“大炮，砰——砰——”

“妈，你看这个多像乘号……这个多像雪花……这个是爱心……”

儿子对着自己的作品在兴高采烈地自演自说。

原来纸还可以这么玩。

感动微信

想想我们小时候的那些个快乐吧：一个玻璃球、一根橡皮筋、一个纸片等那些值不了几分钱的小东西，甚至仅仅是一个没有价值的小小的游戏规则，往往就可以让我们和小伙伴们快乐一天。为什么我们长大后，快乐起来就那么难了呢？我们常常要花很多钱去买快乐，比如买一张电影票，比如买一张游乐园的门票，比如买一辆跑车去兜风等等。

但是，我们发现那其实大多是刺激，而不是快乐。快乐其实是一件很简单的事情，只不过我们容易把事情看得复杂化，于是我们就觉得快乐起来很难了。这一点，我们应该向孩子学习。

（靳志刚）

心灵佳句

他们喜欢的，不只是这里美丽的花草，而是侍弄这些花草的主人，她站在其中，就像那一蓬蓬的幸福草，不说一个字，却用一抹纯净的注视和微笑，将世俗的一切嘈杂烦乱，悄无声息地，涤荡掉。

女孩子的花

安 宁

校园里有一个花店，很小，只有一个员工，是个20岁的女孩子，我没有问过她的名字，但我喜欢叫她叶子，因为每每在窗外瞥见，她总是隐在一丛丛馥郁的花里，白的、蓝的、粉的、紫的，而她，则似那翩翩一叶，风吹过的时候，温柔地抚着每一片花瓣。

叶子是那种朴素到无人会去关注的女孩。有人买花，进门，总是先四下张望片刻，才会在绚烂的花丛里，瞥见她瘦瘦的背影。来者大多是男孩，为了爱情，买花送给暗恋的女孩。所以他们的视线，从来不会落在质朴的叶子身上。他们常常催促说，“可以快点吗？我的女孩在等着呢。”叶子总是羞涩地抬头看男孩一眼，抿嘴一笑，轻声道：“快了花儿会疼呢。”男孩子们大约是不会认真听她的这句梦呓似的话的，即便是听到了，也了无反应。他们只想急匆匆地付了钱，抱着花儿去追赶爱情的飞鸟，至于这个小店里，一个女孩子怜惜的一句“花儿会疼”，于他们，不过是浮光掠影，过后即忘。

但叶子并不会计较他们的粗心，她在包完花后，总会温柔地看着他们离去，似乎，那花，从她的手中传递出去，便带了她的祝福和温度。她倚在碧绿的橱窗前，用手托着腮，看着那捧了大束玫瑰远去的男孩，唇角总会不由自主地微微上翘，笑了出来。我曾经问过她，究竟在笑什么呢？叶子总是红了脸，慌乱地去寻事做。但我还是猜出了叶子的心思，她只是，暂时地将自己想象成那收到玫瑰的女孩，并因这样的想象，而愈加地热爱身边的每一朵花。

叶子最喜欢的，是幸福草，蓬生的一盆，在角落里，并不显眼，很少有人会注意到这样寂静不张扬的花，甚至它的橘黄色的小花朵，不仔细，几乎会忽略掉。这种花，并不好卖，老板大批地运来玫瑰、百合，唯独对盆栽的幸福草，极少关注。每次总是那么几盆，孤零零地，在花架上，有顾客来，视线瞥到，连一秒钟，都不会停留。

但叶子却将幸福草，视作珍宝。她说这种无需精心照料，便能活出一片天地来的花，像极了她自己。两年前她从安徽一个贫穷的山村里，来到北京，因为没有读过大学，工作四处碰壁，最终，是这家花店的老板，看她做事稳妥，这才收留。薪水当然不高，除去吃饭租房，每月她只能攒下很少的一点，寄回家去。但就是这样一份没有多少人喜欢做的工作，叶子却是做得有声有色。花店的玻璃橱窗，总是被她擦得纤尘不染，路过的人，总是可以看得到她忙碌时，额前沁着的细密的汗珠。我问她这样日复一日地为别人送花，有没有累的时候？她便反问我说：“天天都可以闻到花香，看到花朵绽放，有谁会累呢？”

我的确不曾见过叶子有过疲惫，她永远都是花店里最精力充沛的那一株“幸福草”，小声地哼着歌儿，脚步轻盈地在一盆盆花之间穿梭来往，如果穿了裙子，她会小心翼翼地提起裙裾，似乎，怕碰疼了那些娇羞吐蕊的花儿。常有顾客，在花丛间走来走去，将文竹的叶子，或者小小的雏菊，碰得哗啦啦地响。每每此时，叶子总是心疼地恳求顾客，让他们轻一点，再轻一点。

叶子说，每一朵花，都是有生命的。白掌似一叶航行的帆船，绿萝总是在梦里泼墨似的将绿意倾泻而下，夕雾草是一往情深的女孩，跳舞兰是轻盈活泼的一泓泉水，尤加利永远活在蓝色的记忆里，三色堇是沉思的诗人，山茶花则是春天热烈奔放的女子……而幸福草呢，则是一个女孩子温柔的头发，埋进头去深深嗅一下，有茉莉的浅香，让人沉迷流连。

我终于明白为何身边学电影的朋友，不管是拍摄纪录片还是故事片，总会来这个花屋里取景。他们喜欢的，不只是这里美丽的花草，而是侍弄这些花草的主人，她站在其中，就像那一蓬蓬的幸福草，不说一个字，却用一抹纯净的注视和微笑，将世俗的一切嘈杂烦乱，悄无声息地涤荡掉。

而这样快乐单纯的一盆幸福草，我愿意，将它看作是属于女孩子的花。

感动微信

一个安静而满足的少女是喧嚣世界中一道美丽的风景，作者显然是能够静静欣赏这风景的人。正如那盆花的名字一样，少女单纯清爽，独自享受着源自内心的快乐和幸福，这种快乐和幸福是任何人无法剥夺也无法体会的，她没有夺目的惊艳，也不与众芳争宠，只是在角落里释放着特有的幽香。她勃然开放，顺从自然，以自己独特的姿态向世界传递着默默的温暖和善良，平凡之中透露出无人能及的自在和安详。

这是一种尚未被世俗污染过的天然之美。

（文科创新）

心灵佳句

欢欢给妈妈擦眼泪。欢欢说："妈妈，我长大了当画家，画很多的画儿，挣钱养着你，养着爸爸。"

画爸爸

赵明宇

欢欢喜欢上美术课，画青蛙、画蜻蜓，画天上白白的云，画元城大街上一行行的树。欢欢画的画儿常常受到老师的夸奖，还上过六一儿童节那天的报纸。

欢欢的理想就是长大后做一名画家。

家长会上，班主任不但表扬了欢欢，还奖给欢欢一支彩笔。妈妈笑得合不拢嘴，欢欢不笑。每次开家长会，同学们都是让爸爸来，可欢欢还不知道爸爸长什么样儿。

欢欢的家在很远的地方，妈妈带着他来元城读书。欢欢问过妈妈："我爸爸呢？"妈妈告诉他，爸爸到一个很远的地方去打工了，家里需要很多的钱，没有钱就不能买煤烧，就不能穿衣服，就不能吃巧克力。

同学们的爸爸也打工，可他们时不时地就回家来看看。欢欢今年九岁，爸爸出去七年了。妈妈说，爸爸很爱欢欢，舍不得回来，多挣钱，以后让欢欢上大学呢。

上学路过的一个街口，有个疯子总是在那抡着棍子打人。同学们都是爸爸或者妈妈送，唯有欢欢是独自上学。欢欢就绕很远的路，绕过那个街口。欢欢一边走，一边想爸爸。

欢欢用老师奖的彩笔画了一个警察，说画的是爸爸。同学们都羡慕得不行，“你爸爸真的是警察？”欢欢脸红了，撅着小嘴巴说：“我爸爸就是警察。”欢欢第一次说了谎。

欢欢又画一个太阳，给太阳画了眼睛，涂上眉毛，描上胡子，说这个也是爸爸。老师先是一愣，后来笑了，拍拍欢欢的小脑袋，把画挂在黑板上，表扬了他。

欢欢画大花猫，画喜羊羊，都涂上胡子、描上眉毛，画了一张又一张，全是爸爸。这些画儿获了奖，还有小记者来采访他。妈妈把这些画儿装在镜框里，挂在墙上。墙上的爸爸冲着他笑。

快过年了，妈妈夜里加班，要赶制一批新衣服。妈妈夺过欢欢的画笔说：“明天再画好吗？天晚了，早点睡吧，我的孩子。”半夜里，欢欢被一阵打闹声惊醒，是墙上镜框的碎裂声。欢欢从被窝里爬出来，看到一个酒鬼欺负妈妈，和妈妈打在一起。

欢欢扑过去，咬了醉鬼一口，一双小拳头在醉鬼身上不停地抽打。

醉鬼走了，娘儿俩收拾被摔碎的镜框。欢欢说：“要是爸爸在，就没人敢欺负你了。”妈妈抱着欢欢，泪珠子跌落在欢欢的眼睛上。

欢欢把自己的画儿整理成厚厚的一摞，推到妈妈面前说：“把这些寄给爸爸，让爸爸好好改造，会减刑的。”

妈妈怔了一下，疯了似的摇晃着欢欢的肩膀说：“欢欢，是不是有人告诉你什么了？快说，我的好孩子。”

欢欢摇摇头。“妈妈，你常常睡觉说梦话，让爸爸好好改造。你还告诉爸爸，说我们的欢欢很听话，欢欢的画儿获奖了。”

妈妈睁大了眼睛。

欢欢说：“酒鬼欺负你，他说的话我也听见了。你是为了不让我知道爸爸的事儿，才带我来这个元城读书的，我还知道爸爸在很远的老龙沟农场。”

妈妈抱着欢欢说：“天哪，不是的，不是的，孩子，不要相信我的梦话，也不要相信酒鬼的话，那是假的。”

欢欢给妈妈擦眼泪。欢欢说：“妈妈，我长大了当画家，画很多的画儿，挣钱养着你，养着爸爸。”

感动微信

母亲始终爱着父亲，希望他改邪归正，所以在梦中都是喃喃自语的嘱托。

母亲也深爱着孩子，为她编造善意的谎言，为她搬迁到陌生的地方。一切从头开始，艰苦创造新的生活。

孩子深爱着母亲，不揭穿母亲善意的谎言。她的默默无言的努力，是对母亲最大的支持。

孩子也深爱着父亲，所以能画出充满爱的画。她盼望父亲看到自己的画，让父亲知道家人对他无私的支持与信任。

孩子不被污染的内心似一朵洁白的莲花，温暖着受伤的父母，也温暖着我们的心。

（焦燕）

心灵佳句

其实这么多年来我一直生活在幸福中，只是被贫穷遮住了双眼，让我无法发觉幸福的所在，而父亲给了我一个幸福的方向，教我一步步去发觉幸福、寻找幸福。

我紧紧地抱着父亲说：“不，爸爸，我在你身边一直幸福的生活着，你给了我一个幸福的方向，指引我去寻找幸福，这已经让我觉得比什么都幸福了。”

寻找幸福

杨家建

小时候家里很穷，看到别的孩子吃得比我好，穿得比我好，玩得比我好，我总是十分羡慕，羡慕他们很幸福，而我总觉得自己没有幸福。我问父亲：“为什么别的孩子那么幸福，我却没有幸福呢？”父亲说：“那你知道什么叫幸福吗？”当时我很幼稚地回答说：“幸福就是比别人吃得好穿得好玩得好。”

父亲听了我的话后，只是笑了笑，说：“孩子呀，幸福其实就在我们眼前。”他指着家门前的那几座大山对我说：“幸福就在那里，沿着这个方向，翻过那几座大山就可以找到幸福了。”

我顺着父亲指的方向望过去，那是连绵不断的山，原来幸福就在那里呀，它就在我的视线里。我痴痴地望着大山，想象幸福是什么样子的，心里顿时有一种说不出的喜悦。可是那几座大山，我什么时候才能翻过去，找到我想要的幸福呢？我抑制不住自己好奇心，渴望得到幸福，所以我决定翻过那几座大山去寻找幸福。很多次我从山上摔下来，而且一次比一次惨，每次都是父亲把我背回来。父亲说："急于求成是找不到幸福的，必须脚踏实地一步一步去寻找幸福。"

我问父亲："爸爸，为什么您不爬过那座山去给我们寻找幸福呢？"

父亲说："我一直都在往这个方向寻找幸福哇，我相信我很快就能找到幸福了，你也应该从现在开始脚踏实地地去寻找幸福。"

我问父亲："我从现在开始怎样去寻找幸福呢？"

父亲说："从现在开始你必须要做一个优秀的孩子，比如说读书，你必须要有最好的成绩；比如说做人，你要比别人能吃更多的苦。只有这样你才会一天一天沿着幸福的方向前进，从而寻找到你想要的幸福。"

当时父亲的话讲得有点深奥，但有几句话我还是听得很明白，在父亲的鼓励和教导下，我不再在乎家里的贫穷，不再在乎所有的苦和累，因为幼小的我只有一个坚定的信念：做一个优秀的孩子，向着幸福的方向，寻找到自己想要的幸福。

每天起床的第一件事，我总会痴痴地望一望那几座大山，一次次地对自己说："我一定要努力做一个优秀的孩子，一定要到达幸福的所在地。"面对贫困的家庭，面对落后的乡村，父亲总是给我创造最好的成长空间，为我提供最好的学习环境，给予我最强大的精神鼓励，他把所有的心血都倾注在我的身上。从小到大我一直表现得很优秀，这让很多人对我刮目相看。大学毕业后我回到家里，我决定爬过那几座山去看一看幸福是什么样子的，我对父亲说："爸爸，现在我可以爬过那几座山去寻找幸福了吧。”

父亲决定陪着我一起去爬山，这时我发现父亲变得苍老瘦弱了，而我变得高大强壮了，父亲已经把他全部的希望寄托在我的身上了。我们一步一步沿着幸福的方向爬过去，终于爬过了那几座山，可是山后面依然是山。

父亲指着一块石头对我说：“看见了吗？那里就是幸福。”只见一块大石头上刻着两个硕大的字——“幸福”。

小时候，父亲要我教他写“幸福”两个字，我总是把福字写成“衣”字旁，而刻在石头上的“福”字也不例外。当时父亲不知道用了多少心血才把这两个字刻到石头上，望着“幸福”我的泪水就涌出来了。其实这么多年来我一直生活在幸福中，只是被贫穷遮住了双眼，让我无法发觉幸福的所在，而父亲给了我一个幸福的方向，教我一步步去发觉幸福、寻找幸福。

父亲说：“孩子呀，爸爸没有出息，从小到大没有给过你幸福。”

我紧紧地抱着父亲说：“不，爸爸，我在你身边一直幸福地生活着，你给了我一个幸福的方向，指引我去寻找幸福，这已经让我觉得比什么都幸福了。”

感动微信

幸福到底是什么，我不停地寻找答案。小妹妹手舞足蹈地说："幸福嘛，当然是吃好多好吃的，还有和小伙伴们一起玩呗。"小学生说："幸福当然是作业少一点，就不用整天埋在作业的苦海里爬不出来了。"大人们认为，幸福就是不用为生活而苦恼，为钱财而奔波，安居乐业就是幸福。老人们认为，幸福就是永远年轻。或许每个人对幸福的定义都不同吧！可幸福到底在哪里呢？

幸福是自己的感受。父母在我们身边，一起幸福地生活着，并能给我们一个幸福的方向，指引我们去寻找幸福，这就是幸福。

（毕丽华）

心灵佳句

阳光透过细密的枝叶，斑驳而留恋地照在了大地上，地上倒影的是那一个个身影，记忆中的那些往事，在阳光中逐渐缩成一个个小点，几乎看不见，也无须看见，往事也许不必再留恋，阳光为我迎接了新的未来。

那淡淡的一抹阳光，是秋日隐藏于秋叶下的一片希望，更是秋日画卷上的一枚印章。

心底的那一抹阳光

彭雪茹

透过指尖的照射，光线有些特别，我看见那一抹金色，是那么的耀眼。

——题记

秋日的阳光，没有春天的柔媚，也没有夏日的奔放，有的只是一份恬静淡雅。秋日的阳光是蓝天的微笑。凄冷的秋让人打着寒战，而那一抹阳光，能让人感受到光明，能使心中充盈着温暖。秋日的那一抹阳光，它不仅给人带来了希望，还有图画般的景致。

清晨，一缕缕金灿灿的阳光从窗子里探进来，屋里静悄悄的，钟表的秒针滴答地响着。我厌倦这鸦雀无声的屋子，没有了一点点朝气。走出门去，独自踏上一条小路，那是一条清净的小路，在阳光的照射下，那小路被照得闪闪发亮。在小路的两边站着一排排高大挺拔的树。嫩绿的树叶，在阳光的抚摸下仿佛显得有点羞涩，透露出一份腼腆，泛出那一丝丝的红晕，又仿佛每片叶子上都有一个新的小生命在颤动。清晨的阳光在我心里留下一条条的波纹，是那样的清晰又有韵律。在那鸟语花香的幽径、清风抚摸大地的地方，我沐浴到了阳光。

回到家，我坐在书桌前看着书，阳光在书桌上映出一个亮晃晃的图案，像一个金色的笼子将我罩于其中。就好像是在一片黑漆漆的舞台中，忽然有一束光打在了我的身上，尽管我没有那种舞台上的感觉，但一样觉得幸福。阳光的脚慢慢地踏上了窗台，然后越过框栏，踩在了我的书堆上，留下了一串串脚印。阳光透过细密的枝叶，斑驳而留恋地照在了大地上，地上倒影的是那一个个身影，记忆中的那些往事，在阳光中逐渐缩成一个个小点，几乎看不见，也无须看见，往事也许不必再留恋，阳光为我迎接了新的未来。

看着那一抹金色的阳光，静静的照射。我喜欢将手举过头顶，任凭束束阳光透过指间的缝隙斜射下来，在挂着微笑的面庞留下斑驳的道道碎影，感受那份淡淡的温暖。伸出一只手去接住一束阳光，我想只要有阳光绽放在指间，就算再黑暗的地方也不会害怕。打开窗扉，窗外有清新的阳光，一丝暖暖的晴朗。自由是一个梦想，沉淀淡淡的清香，绽开美丽的翅膀，灵魂也爱阳光。

当夕阳西下的时候，站在山顶的边缘，抬头望着天边那被一点一点吞噬的金色，眼里充满的是淡淡的伤感。因为短短的一天就过去了，我还留恋着那一抹耀眼的阳光，谁也不知道明天会怎样，谁也无法预料。

不喜欢风雨的骤变，不贪恋彩虹的色彩，只深爱着那一缕耀眼的阳光。与阳光同行，为阳光微笑。那淡淡的一抹阳光，是秋日隐藏于秋叶下的一片希望，更是秋日画卷上的一枚印章。让我心动的，仅仅是那一抹透过指尖而留下的点点斑驳的阳光。

感动微信

越黑暗的日子里越需要阳光的照耀，越寒冷的时候越苛求阳光的温暖。阳光，可以驱散的不仅仅是阴暗，阳光，带给我们更多的是希望。

小路被照得闪闪发亮，连树的枝丫仿佛也在阳光的抚摸下轻轻颤动。那种给人以力量的温暖，是能赶走阴霾的耀眼存在，是能指引梦想，带来希望的存在。我深切地希望它存于我们每个人的心中。每当你难以为继，每当你哭湿了枕头，每当你觉得前路漫漫，请让它指引你、鼓励你、温暖你，让你找到继续下去的力量。

请认真地安静地感受那缕阳光！

（马汀）

心灵佳句

妈妈说："这是蒲公英，它从不满足于待在偏僻的角落，最喜欢到外面的世界去闯荡。"

从妈妈的目光里我仿佛看到了晚上常常做的那个梦：一朵白色的蒲公英，在轻风的吹送下，飞呀飞，飞过一间间古旧的小木屋，飞过一片片茂密的山林，飞进金色的阳光中……

会飞的蒲公英

潘小娴

童年的我，在初夏，常常和妈妈去小木屋后面的山坡。山坡上盛开着一丛丛火红的杜鹃、鹅黄的迎春、淡紫的牵牛……我快活地拍着小手，蹦蹦跳跳采摘这些五颜六色的花儿，可妈妈却总是轻轻地挽着我走到山坡的另一侧，那里开满着一朵朵白色的小花。花儿怪逗人的：圆圆的脑袋，白白的茸毛，风一吹，就轻盈地飞了起来，飞呀飞，飞得老高老高的，我费了好大的劲，才抓住一朵飞在空中的小白花。

妈妈说："这是蒲公英，它从不满足于待在偏僻的角落，最喜欢到外面的世界去闯荡。"

妈妈的话，在我幼小的心灵里留下了很深的印象。晚上，我常常梦见自己变成了一朵白色的蒲公英，在广阔的世界上空飘荡。

不久，我上小学了，妈妈缝了个花书包给我，书包上绣着几朵白色的蒲公英，花旁还歪歪斜斜地绣着几个字——会飞的蒲公英。每天，我就像一朵快乐的蒲公英，在小木屋到学校的山路上飞来飞去。

一个有风的黄昏，我从学校跑回家，高兴地拉着妈妈来到开满蒲公英的山坡。我把老师刚刚教的儿歌《蒲公英的种子》唱给妈妈听，我一边唱一边在蒲公英丛中跳来跳去，一朵朵白色的小花在我的歌声中轻轻飘上了天空。妈妈的神情有些激动，目光亮亮的，深情地追随着那一朵朵飘飞远去的小白花。

从妈妈的目光里我仿佛看到了晚上常常做的那个梦：一朵白色的蒲公英，在轻风的吹送下，飞呀飞，飞过一间间古旧的小木屋，飞过一片片茂密的山林，飞进金色的阳光中……

带着这个白色的梦，我考上了重点中学。那个绣着蒲公英的花书包旧了破了，有几个深夜，妈妈把花书包放在桌子上，望了好久好久。后来，妈妈又守着小油灯，为我做了一件蓝色的连衣裙，裙上绣着一朵白色的蒲公英。每天，我穿着蓝色的连衣裙，在学校和山村的大马路上飞来飞去。

几年之后，一张大学录取通知书从遥远的地方飞来，使我那关于蒲公英的梦实现了。临别前的一个黄昏，风很大，妈妈和我又来到了小木屋后的山坡，山坡上一朵朵蒲公英飞得比以往更高了。我惊讶地睁大了双眼，妈妈站在离我不远的地方，眼睛里含着泪花。暮色渐浓，我和妈妈默默地往回走，快到小木屋时，妈妈拉了拉我的手，轻轻地说：“孩子，你算是一朵会飞的蒲公英了，但你还要飞得更高一些。”

从此，我牢牢记住了妈妈的话，开始尽情地在大学的林荫小道上飞来飞去。

一年后，我把从林荫小道上飞进报纸和杂志的诗行寄给了山里的妈妈，并写了一段话：“妈妈，从你身边飞出的那朵娇嫩的蒲公英，不仅学会了飞，而且还懂得怎样才能飞得更高了。”

很快，妈妈回信了，信里夹了一幅水彩画：一片蓝色的天空下，有一个孩子坐在开满了白色蒲公英的小山坡上。画上题有一行字：山里的孩子。

从这幅画里，我读出了妈妈心中那片诚挚的向往——蓝天下，一群群孩子，明亮的双眸，痴痴地凝望着山坡上一朵朵白色的蒲公英，口里欢快地唱着：我是一颗蒲公英的种子……

这不正是每一个山里母亲的期待吗？

感动微信

比起火红的杜鹃、鹅黄的迎春、淡紫的牵牛，蒲公英是多么的不起眼哪！但正因为它平凡，它需要更努力、更坚强，自己去闯荡世界。山里的孩子没有父母替他们装上翅膀，他们只能靠自己飞，借着风去飞。

每一位母亲都不希望自己的孩子独自承受磨难，但对于山里的母亲来说，她们的“保护”会阻断孩子的未来，虽然内心割舍不下，但她们必须让孩子学会独自坚强，像蒲公英那样飞出大山，飞向更广阔的天空。

母爱的表达方式有千千万万种，每一种都出于“保护”的本心。即使你觉得是“伤害”，也请谅解，谅解这一种“自私”的爱。

（卫玉丹）

心灵佳句

没有了水，不要说深处、浅处，无论扎根在任何地方，菱都将萎缩，稻都将枯死，而荷花，也将凋敝成泥。

要想植物充分生长，请引来源源不断的流水；要想社会更和谐，请付出真正的，没有添加任何杂质的“爱”……

幸亏有水

易水寒

“交流四水抱成斜，散作千溪遍万家。深处种菱浅种稻，不深不浅种荷花。”多么美丽的一幅图景啊。菱、稻、荷花扎根在潺潺的流水中，各得其所，各安其位，各自展示自己生命的精彩。

任何一簇植物都没被慢待，在湛蓝的天空下，都能找到适合自己的一方土地。

如果把菱、稻、荷花比喻成人，这首诗似乎告诉我们：每个人都有成才的机会。

但这一切都有一个前提：水，足够的水。能够“交流四水抱成斜，散作千溪遍万家”的水。

没有了水，不要说深处、浅处，无论扎根在任何地方，菱都将萎缩，稻都将枯死，而荷花，也将凋敝成泥。

我们常说，“水是万物本源”。

同样，无论你是什么样的人才，没有了水的滋润和抚养，也都没有用武之地。

人类得以存活的“水”是什么呢？是爱。

水是最公允的物质。它有一个特点——往低处流。越是低洼的，被人忽略的地方，水越会去补给它，安慰它。水绝不随行就市，攀高结贵，不会像藤那样，因为你高大伟岸，就紧紧缠绕你，巴结你，多给你一些照顾。相反，它总是先把低处填平，再把目光投向高处。

爱也是这样，越是低微的，易被忽略的人，“爱”越会悄然到你身边。那些遭遇不幸的孤儿、那些心灵上布满创伤的残疾人，那些在厂房里日夜劳作的年轻人，那些在烈日下挥汗如雨的农民，他们需要得到充分的物质保障、精神关照，才能成长为一簇簇健康、阳光的植物。

水还有一个特点：“润物细无声”。它从不因为滋润了万物而满世界嚷嚷，更不会要求那些植物们在台上站成一排，泪流满面地向自己表达敬意，为自己唱赞歌。只要植物们幸福、快乐，各自过上自己平淡、安静的日子，水就满足了。

爱也是这样，它追求公平，却不强加于人；它适时出现，又不求回报。

但这并不是说，“爱”没有得到回报，那些丰富了世界的花团锦簇的植物们，笑得那样灿烂，这本身就是对爱最大的回报。

水是植物的本源，爱是人类的本源。要想植物充分生长，请引来源源不断的流水；要想社会更和谐，请付出真正的，没有添加任何杂质的“爱”……

感动微信

每个人都有成才的机会，然而前提是要能健康的成长，这就需要“水”的滋润，而对于我们来说，赖以生存的“水”就是爱——父母长辈的爱、老师的爱、朋友的爱，让我们一步步成长，从一棵小树苗长成参天大树。他们不求回报，只是希望我们能够成长起来。同样的，当我们成长起来以后，又会有人需要我们的爱才能成长，这个时候就是我们回报的时候，把这份爱传递下去，让这个世界变得越来越美好。

（李洪涛）

心灵佳句

华特已悟出了生命的意义——从此再也不肯戕害生灵了。于是开始画各种动物，任由它们在森林中自由活动。这么一来，他也拥有它们。这些动物在华特无与伦比的不朽艺术中，得到了永生。

猫头鹰的墓志铭

［美国］保罗·奥伦　飞翔（译）

华特是城市里出生的男孩，父亲是一名建筑商。他还未满5岁，父母就从芝加哥搬到密苏里州马塞林市附近的一座农场。在那里，华特第一次接触到了死亡。

华特7岁那年夏天的一个下午，正好是到外面去旅行的好季节。穿过一丛柳树，就是一座苹果园，华特看见一棵树的低枝上，正栖息着一只猫头鹰，显然是在熟睡。

华特愣住了。他记得父亲告诉过他，猫头鹰白天休息，夜晚才出去猎食。如果把这只好玩的小鸟拿回去作为宠物，那该多好哇！只要华特悄悄地走过去，不惊醒它，一把将它抓住就行了。

小华特逐渐走近，最后抓住了鸟的两条腿。但是猫头鹰突然惊醒，劲力比华特所见过的任何动物都大。它扑腾着翅膀，眼露凶光，惊惶大叫，拼命想挣脱孩子的手。华特大吃一惊，但是仍紧抓着不放。

接着发生了什么以及怎样发生的，现在很难想象。不过在后来，这个拼命紧抓着那只惊惶小鸟的惊惶孩子，突然把鸟摔到地上踩死了。一场斗争过后，华特望着地上的一摊鲜血和一堆凌乱的羽毛，连自己也不能相信。他哭了。

华特跑出了果园，但是很快又再回来，埋葬了这只他原先想当作宠物饲养的猫头鹰。此后数月中，这只猫头鹰常在他梦中出现。

他为此事感到懊悔，直到多年之后才肯将此事告诉别人。但是，这时世人已经饶恕他了。因为在那个令他难过的夏天，华特已悟出了生命的意义——从此再也不肯戕害生灵了。

虽然那只小猫头鹰不能复活，可是它的死亡却使无数动物得到了永生。也许就是在那个时候，一位7岁男孩为了补偿他的无心之过，于是开始画各种动物，任由它们在森林中自由活动。这么一来，他也拥有它们。这些动物在华特无与伦比的不朽艺术中，得到了永生。

感动微信

相信每个人的童年都充满了好奇和希冀，但是相信只有很少人，能从记忆中找到纯真年代的过错和愧疚，并把这些过往用以后的时间来弥补。

故事中的华特，就这样把幼小心灵的歉疚幻化成动力。为了对自己错杀猫头鹰的行为进行忏悔，决定不再戕害生灵，并用不朽的艺术之美让生灵获得永生。

得到，并不是拥有，有时把它当成自身的美好纪念，才可以在心中永生。

（心悦）

第八辑

·在不断的省悟中我们终于长大

时光流逝，曾经的心高气傲，目空一切，以及自以为是，在生活的打磨之下逐渐失去了火气而多了一份温润。

我们的世界是一个不断和成长摩擦的产物。我们一直在经受着时光和社会的打磨，我们开始面对世界，并变得小心翼翼的时候，他们说我们老了。对呀，可不就是老了么，你看看我们，多少人慢慢失去了精力，又慢慢懂得：成长，需要我们慢慢学会妥协。在妥协中多了一份成熟和沉稳，在妥协中学会了从容和淡定。然而我们妥协的目的不是为了磨光自己的个性，而是让我们的生命露出本质的光泽。

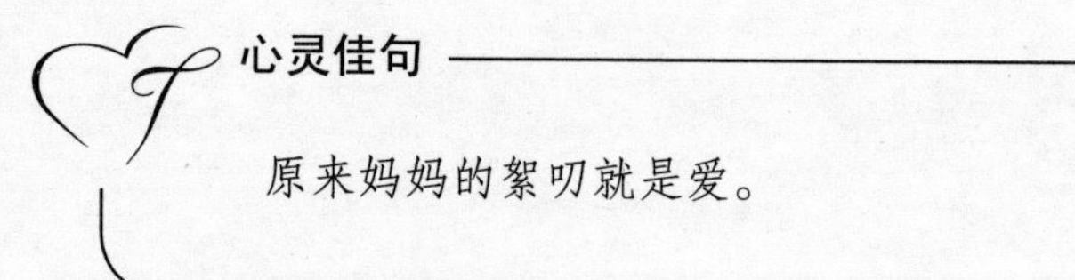

总是后来才明白

王 爽

上学时，家长和老师总是不厌其烦地说："要好好学习，要好好学习！"而且每次都要抬出古人的名言作为警示："少壮不努力，老大徒伤悲""少年不知勤学苦，老来方悔读书迟"……有时还要拿别人家的孩子做比较："你看谁家的谁，学习咋咋好，咋咋有出息！"

小时候我确实不用功，整天想的就是玩，老师在前边讲的根本就听不进去。好在那个年代的课本也简单，只要考试之前看看书就可以了，所以成绩还算不错。

1977年恢复高考，学习还可以的就纷纷上大学了。当时人才奇缺，赶上公开招考公办教师，刚刚初中毕业的我，也报名参加了考试，四科考了164分。当时录取线极低，120分就录取，于是我免去了读高中的辛苦和上大学的折腾，直接当上了国家专任教师。

回想当年，就业机会太多了，可那些平时不好好学习的，在机会面前都傻了眼，等什么都明白了，后悔也晚了！

这时才明白，家长和老师的鞭策都是为了我们的将来。

小时候我胆子小，到了十五六岁的时候，个子长高了，胆子才壮了起来，也敢“惹事”了，比如把从前曾经欺负过我的人逐一收拾了一遍，比如到城里坐公交车竟然敢逃票，比如遇到不公的事就敢站出来打抱不平……那时出门前母亲总是絮絮叨叨地嘱咐：“人家说话你少搭言，人家打仗你少上前，骑车子要慢点儿，横过马路要看有没有车，不要偷东西不要捡便宜……”

对母亲的絮叨，当时只有一个感觉，那就是：烦！可是，当我自己有了孩子以后，也开始像我父母那样，担心这方面，嘱咐那方面，把孩子弄得直发烦。

这时才明白，原来妈妈的絮叨就是爱。

奶奶在世时，总是告诉我：“在外边玩热了，要回屋后再脱衣服；吃完饭脸上有汗，千万不要待在窗口……否则容易受风！”我嘴里应着，却全然没有往心里去，暗想：“一个大男人怎么会受风？”

前几年在医院看押一个受伤的犯人，倒班睡觉时我忘关了窗户，结果第二天早上我的两条腿就疼得站不起来了。经诊断是风湿性关节炎，是受风着凉所致。虽然经过多方治疗，我又重新站了起来，但从此两条腿没有以前那么有力了，而且膝关节常常有痛感。

痛定思痛，我才蓦然明白，冰冻三尺非一日之寒。年轻时候打球，累得大汗淋漓时，就躺在树荫下吹风，直到凉透为止；夏天热得不行，用帽子兜一兜冰凉的井水就扣在头上；冬天在学校值班，晚上穿着线裤上厕所……这些可能都是致病因素。我现在已经明白了，可病根也落下了。

有些事，为什么总是到后来才明白呢？

感动微信

经常把长辈们的唠叨当成一种无用话，觉得他们特别烦，整天不是嘱咐这个就是唠叨那个，我们就是不愿意听。可是真的当我们经历了，才后悔当初不听他们的。是啊，为什么不听呢？难道只是我们叛逆的性格在作怪吗？

总是后来才明白，后来才懂得这份爱。世界上没有一个爸妈希望自己的孩子过得不好，他们都是用自己的亲身经历在教育我们，怕我们走弯路，怕我们受苦。做一个善于倾听的孩子吧！家长合理的建议要采纳，因为世上没有后悔药。

（梁凤美）

心灵佳句

我们，越来越接近那些我们曾经嗤之以鼻的人。

成长是个妥协的过程

范泽木

小时候，最常和母亲拗劲的就是带雨伞的事儿。每次母亲让我带雨伞，我就把头摇得跟拨浪鼓似的。我总觉得，带雨伞是大可不必的。假若下的是小雨，那么我完全可以在雨中奔跑；假若下的是中雨，那么我可以和同学拼一把伞；如果实在太大了，那么可以躲一躲。直到后来工作了，头发整齐了，腋窝下夹了个公文包才知道，雨伞是应该随身携带的。因为不会每时每刻都有人和你拼伞，有些雨不是躲一躲就能过去的。现在，无论晴阴，我的包里都安静地躺着一把雨伞。

读初中那会儿，我最喜欢听流行歌曲，而我父亲却始终坚持唱“路见不平一声吼啊”。每当这时，我就会说：“那是老掉牙啦，现在不流行这个了。”他却仍旧自唱自乐。而现在，当我唱着“谁在用琵琶弹奏一曲东风破”，我表弟就说：“那是许多年前的歌了。”这时，我忽然明白，我们唱的不是流行，而是曾经带给我们的感动。我很自然地，也成为了哼老歌的人。

高中的时候，特喜欢看偶像剧。那些俊男靓女的爱情总是令我心驰神往，对娱乐圈里的明星，也总是如数家珍。而父母却总是喜欢看那些柴米油盐的生活剧。那个时候，我特不能理解，一群阿公阿婆围绕着一些生活琐事，有什么好看的呢？而现在，我也已经放弃肥皂剧了。那些柴米油盐，那些粗茶淡饭，才是真正的尘世，才是真正属于我们的生活。当那些比我小得多的孩子跟我说娱乐圈出了个新人谁谁谁的时候，我哑口无言。用他们的话说，我已经落伍了。

大学的时候，早饭经常是可有可无的。那时年轻，总是仗着青春的力量我行我素。而现在，当我为生活奔忙，当我感觉身体日渐疲惫的时候才知道，身体是革命的本钱，胃是要好好养的。于是，我开始每天都有规律地吃饭，开始拒绝垃圾食品，拒绝暴饮暴食。

许许多多我们小时候父母经常唠叨的事儿，现在都自觉地做到了。很多时候打电话回家，我们总会叮嘱他们吃饱穿好，要注意身体，别对自己太紧巴。这个时候，我们俨然已经成为了“唠叨者”。

曾经以为带雨伞是多么烦人的事儿，听老歌是多么老土的事儿，看生活剧是多么无聊的事儿，吃早饭是多么多余的事儿……而现在，这些事逐渐地到了我们的身上。我们，越来越接近那些我们曾经嗤之以鼻的人。或许，成长本来就是一个妥协的过程。

感动微信

时光流逝，曾经的心高气傲，目空一切，以及自以为是，在生活的打磨之下逐渐失去了火气而多了一份温润。

我们的成长是一个不断和世界摩擦的产物。我们一直在经受着时光和社会的打磨，我们开始面对世界，并变得小心翼翼的时候，他们说我们老了。对啊，可不就是老了么，你看看我们，多少人慢慢失去了精力，又慢慢懂得：成长，需要我们慢慢学会妥协。在妥协中多了一份成熟和沉稳，在妥协中学会了从容和淡定。然而我们妥协的目的不是为了磨光自己的个性，而是让我们的生命露出本质的光泽。

（许广贺）

心灵佳句

在人生的路途中，先做什么后做什么，有时是按严格的顺序排列的，是绝对不能轻易地颠倒的。

有些梦幻尽管很美丽，在需要蕴藏在心底的时候，就一定不要急于让它绽开……

有些美丽的梦不要急着绽开

崔修建

高二那年，他和她都迷恋上了文学。由于整天忙着写稿、结交文友、跑印刷厂印他们自办的文学小报，他俩落下了很多功课。老师几次找两人谈话，劝他们暂停创作，先好好复习，等考上大学以后再用心写作也不迟。

她听从了老师的教导，开始和班上其他同学一样全力备战高考。

他却不以为然，依然为自己心中的那个作家梦而拼搏着，勤奋地写着那些很难发表的诗歌和小说。

他的学习成绩在本班已从中游滑至最末位，她焦急地劝他赶紧停笔，否则会考不上大学。他却固执地说等他将来在文学上有了成绩，可以再考鲁迅文学院的。

那年，她如愿地考上了北京师范大学中文系，他很自然地榜上无名。因家人的极力相劝，他又心不在焉地在补习班里待了一年，没做几套复习题，仍迷恋着写作，结果再度名落孙山。当然，这两年当中，他也发表了几篇作品，但和他的付出实在不成比例。

而她，如今正悠然地在某高校一边教书、一边写作，成绩斐然。

一晃，高中毕业十年了。在那次同学聚会上，已经研究生毕业、在文坛小有名气的她，给大多事业有成的同学们带来了两部新出版的作品集，大家一致地夸赞她不愧为昔日文科班的才女。

她谦逊地说她可赶不上那个他，当初他的文学功底要比她好多了，上中学时他就有作品发表呢。可同学们却纷纷摇头，有好几个同学替他惋惜："他要是先考上大学，再找一份合适的工作，然后再专心写作，或许我们班就有两位作家了。"

从大家的叙述中，她才知道——高中毕业后，家境贫困的他便到南方打工去了。生活的重负，把他抽得跟陀螺似的飞转，天天为谋生而忙得焦头烂额，很快便无奈地疏远了文学。

其实，如今仍在为生计而疲于奔命的他，早已为自己当年的自以为是深深地懊悔：在人生的路途中，先做什么后做什么，有时是按严格的顺序排列的，是绝对不能轻易地颠倒的。弄错了顺序，就可能让一生刻骨铭心地遗憾。就像有些梦幻尽管很美丽，在需要蕴藏在心底的时候，就一定不要急于让它绽开……

感动微信

梦想是深藏在人们心灵深处最强烈的渴望。如果每个人都迫不及待想实现自己的梦想，急于证明自己，就会在追梦的道路上乱了方寸，越走越远。成长的过程是一个不断探索不断成熟的过程，年轻的时候也许我们并不明白很多道理，只是任着情感的冲动驾驭我们前行。作为社会群体中的个人，首先必须要有立足社会的生存能力，有能安身立命的方寸之地，才能支撑我们内心强大的欲望和理想。

对理想的执着固然可贵，但是，当你的能力还不足以支撑起你的梦想的时候，就要静下心来学习和历练。

（许翠翠）

心灵佳句

为父亲付账，虽然只是一件看似细微的生活琐事，却成为我人生之路上的一个里程碑，让我感到了自己的成长。

为父亲付账，让我知道我真的长大了，从此以后，我就成了父亲在年老时可以依靠的一座山。

为父亲付账

王昊军

小时候，我眼里的父亲总是又高又大，那时，我常常把父亲看成是我的保护神，我遇到了什么困难，父亲总是能及时为我解决。当然，小时候的我认为那是因为父亲比我高大，比我年长。

可是，有一天，我忽然发现，父亲在我的眼里不高、不大、也不年长了。

原来，我长大了。

后来，我大学毕业，参加工作了。

参加工作后，我终于有了自己的收入。然后，我不必再像以前那样向父母要钱了，我有了自己赚来的钱可以自由支配了。

有一天，我休息，忽然想和父亲一起去饭店吃饭。于是，我打电话约上父亲在一家饭店里共进晚餐。

这是我参加工作后第一次和父亲一起出来吃饭。我记得在我参加工作以前，父亲经常带着我到饭店里吃饭，每次吃完饭，父亲总是会拿出钱来付账，那时，我只是心安理得地吃着美味的饭菜并无动于衷地看着父亲为我付账，感觉很幸福。

这一次，我美美地吃了一顿可口的晚餐以后，服务员把账单送到了饭桌上，可是，我却看到父亲看着账单竟然无动于衷，父亲并没有像过去那样主动拿出钱来付账。

账单摆在饭桌上，我看了看父亲，父亲仿佛根本就没有看见那张账单一样，只是在自顾自地喝着茶。

我感到有点困惑不解，心想：今天的晚餐父亲为什么不付账？是因为父亲没有看到账单吗？想到这里，我笑着对父亲说："您看，服务员已经把账单送来了。"父亲看了看我，十分平静地说道："我知道，我已经看到账单了。"说完，父亲依然没有主动付账，只是安静地坐在那里慢慢地喝着茶。

我心里似乎明白了，我已经成了为这次晚餐付账的人了。过去，我常常跟着父亲在饭店里吃饭，我总是以为父亲永远是带着钱为我付账的人。如今，我长大了，我参加工作了，我是成人了，如今的我和过去的我已经不一样了，我是一个可以自己挣钱、顶天立地的男子汉了。我知道，不仅仅是这一次，从此以后，只要我和父亲一起到饭店吃饭或者陪着父亲买东西，为父亲付账就是我义不容辞的责任和义务。

我伸手拿过账单，忽然觉得自己已经是一个真正意义上的男子汉了。那一刻，能为父亲付账，我觉得无比幸福和自豪。

付账之后，我坐在父亲身边，默默看了父亲片刻，不知为什么，我的心里竟然涌动起一股莫名的、滚烫的激动，我忽然发现，父亲显得有点苍老和柔弱，看着他头上渐渐增多的白发，我感到心中有点说不清的酸楚。

为父亲付账，虽然只是一件看似细微的生活琐事，却成为我人生之路上的一个里程碑，让我感到了自己的成长。

第一次为父亲付账的时候，我感到了真正意义上的成长。以后，我就成了慢慢老去的父亲的保护神，而且，更重要的是，为父亲付账让我认识到这是我的成年典礼，是我人生中的一个里程碑。

为父亲付账，让我知道我真的长大了，从此以后，我就成了父亲在年老时可以依靠的一座山。

感动微信

小时候，父亲是那登天的梯，父亲是那拉车的牛，父亲是座伟岸的山，父亲是棵挺拔的树。父亲为我们插上翅膀，让我们飞越海洋。不知不觉中，我们长大了，而父亲却变老了。父亲的腰，不再那么挺拔；父亲的背，不再那么宽厚；父亲满头的青丝已经变成了白发。

长大后，我们就是父亲的希望，是父亲梦想的延续，也就成了父亲。此时，我们是父亲的依靠，我们是父亲的保护神。

现在你是一棵小树苗，正努力汲取营养，让自己长高长壮。但是某一天，当你长大了，要好好回馈父母，这是为人之道。

（梁凤美）

心灵佳句

人生旅途中，我们会遇上很多引路人，他们在风雨中没有很夸张的动作去保护你、守护你，但却会用一个让你最感动的方式给你最大的支持，这种支持，就是风雨路上最珍贵的收获。

以最感动的方式帮你

程 刚

那一年初三，我参加全市化学竞赛，这次竞赛我发挥极佳，在走出考场的那一刻，我便骄傲地对带我参赛的吴老师说："取得名次没有问题。"吴老师很高兴，立即带着我去吃饭，本来我是带着好心情去的，可谁知吴老师却抠门的狠，只带着我吃了一碗面便回来了。校长在我们出发的时候，批给了我们300元钱，特意嘱咐吴老师要保障好我的伙食，看来，他肯定是要省下这些钱了。

第二天，本想着我考得挺好，吴老师会带着我到市里转转，可早早起来，他便带着我乘车回到了学校。我对吴老师的印象一落千丈，一路上我都没有笑脸。我真的没想到，他是这样抠门，这样爱占便宜的一位老师……

我们刚回学校，我取得竞赛一等奖的消息便传来。听说一等奖的奖金是100元，同寝的兄弟们便嚷着让我请客。其实我家庭条件很差，这100元钱可以当我两个月的生活费，我真的有点舍不得，但为了表现我的豪爽，也是想刺激一下吴老师，我当时便大声地对大家说："奖金多少，我就请客花多少，绝不留一分钱。"我的话一出口，同学们哇地一下向我涌过来。

同学们和我都在焦急地等着奖金发下来。那一天，吴老师从市里回来，取回了奖金和证书。下午自习课上，他在所有同学面前将我表扬了一番，那一刻，我有些悠悠然。可我真的不在乎这个，我倒是关心吴老师什么时候能把钱给我，既然我话已出口，就要和同学们大吃一顿，改善一下伙食。吴老师讲完了，当着所有同学的面把一个奖励的红包递给我，对我说："程刚，拿着，这是你的奖金。"我兴奋地接过了吴老师的钱。可我打开一看，里面却只有30元。我当时愣在那里，既而带着怒气对吴老师说："吴老师，我听说奖金是100元，怎么变成30元了。"吴老师眉头一皱，好像有点生气，大声地对我说："那我们去参加比赛吃住行不花钱吗？学校给的那点钱早花完了，所以得从你的奖金里扣……"听完了吴老师的话，我的眼泪简直快要气出来了，可我无法诉说，只能在心里诅咒这个贪心的老师，那一天，我和同学们用这30元钱吃了一顿不太愉快的美餐。

这事过后，我的学习又步入了正轨。一转眼，临近月末了，我又开始犯愁我的生活费了，想着回家父亲母亲东挪西借给我凑钱的样子，心里越来越难受。如果吴老师当时把那100块钱给我，或是请客的那30元留下来，也会解决我很大的问题，

晚上，我一个人郁闷地走在操场上。吴老师找人叫我去他办公室。此刻我更恨他，没好气地进了他的办公室……吴老师见我进来，笑了，直接从抽屉里拿出一个信封，笑着对我说："愁生活费呢吧？这是你的280块钱，赶紧收好。""我哪来的钱？"我诧异地问吴老

师。“竞赛奖金70元，学校给了我们300元，除去我们的花费，剩下210元，都给你……”“可我……”“可什么？前些天一定是在骂我贪、骂我抠门了吧？我要是真给你100元，这钱你就都花了，不这样，你的生活费怎么办？”那一刻，我真的不知道该说些什么，眼泪却流了下来。

人生旅途中，我们会遇上很多引路人，他们在风雨中没有很夸张的动作去保护你、守护你，但却会用一个让你最感动的方式给你最大的支持，这种支持，就是风雨路上最珍贵的收获。

感动微信

获得别人的帮助和支持，也是获得了爱的力量。爱的力量是无比大的，爱的色彩是无比美的，她可使心中有爱的人幸福，贡献出爱的人快乐，得到爱的人欢笑；文章中那位“老师”以一种默默无闻的方式，播撒自己对学生的关爱，这是多么的感人。生活中，我们也要做一个有爱心的人，以自己的能力，用恰当的方式，帮助那些需要帮助的人。

（毕丽华）

心灵佳句

也许他们的面貌不尽如人意，也许他们的性格与你不太合得来，但只要你真诚地去对待，你便会发现，他们每个人都拥有一颗火热的心！

与乌鸦为邻

沈岳明

不知从何时起，戴维斯家院子里的一棵梧桐树上竟然多了一个鸦巢。鸦巢正好对着戴维斯的卧室，每天天刚亮便有两只乌鸦在树上飞来飞去，它们是一对乌鸦夫妻，总是哇哇地叫着将戴维斯吵醒。这对乌鸦让戴维斯每天至少要少睡两个小时。

每当被乌鸦吵醒后，戴维斯便会冲它们破口大骂，还将牙刷、牙膏和口杯向它们扔去，可是这些根本就不管用，它们依然每天准时哇哇地叫着将戴维斯吵醒。终于有一天，忍无可忍的戴维斯决定将这个鸦巢捣毁。正好乌鸦夫妻不在，戴维斯找来一根长竹竿，只几下便将鸦巢从树枝上给鼓捣了下来，令戴维斯吃惊的是，鸦巢里竟然还有两只刚出壳的小乌鸦，从高高的树枝上跌到地面竟然还没有被摔死。

戴维斯解气地回到家里，以为失去了鸦巢的乌鸦夫妻会从此远走高飞。没想到第二天一早，它们又准时在树上哇哇地叫了起来。戴维斯仔细一看，见树枝上又多了一个新鸦巢，肯定是它们连夜筑成的，鸦巢里还有两只张嘴讨食的小乌鸦，看来它们是被自己的父母救了。

可是，还没等戴维斯想出第二个对付这对乌鸦夫妻的办法来，戴维斯的妻子玛丽娅便惊慌地跑来跟戴维斯说，他们的女儿芬妮今天早上遭遇了两只乌鸦的袭击，幸好玛丽娅在女儿的身边，不然后果将不堪设想。当时的情况是这样的：当玛丽娅推着刚满六个月的女儿芬妮外出散步的时候，两只乌鸦突然飞离树枝直向芬妮扑来，玛丽娅立即挥起衣袖驱赶，两只乌鸦见无法接近芬妮，便分别在芬妮的婴儿车里拉了两泡鸟粪。

这两只可恶的乌鸦分明是在报复戴维斯！于是，戴维斯又想出了好几种对付乌鸦的办法：比如用水枪射击鸦巢，向鸦巢里喷石灰粉，可是都无法将它们赶走。当然，戴维斯也遭到了乌鸦的报复，戴维斯的女儿芬妮只要一出门，乌鸦便会在她的婴儿车里拉鸟粪。有时戴维斯真想一枪将这两只乌鸦打死算了，可在澳大利亚是不准随便猎杀动物的，除非它威胁到了人类的生命。

身心俱疲的戴维斯实在想不出更好的办法了，他甚至想到了搬家。这时妻子玛丽娅说，不如我们不去理会它们了，随它们去吧。戴维斯想想，也只能这样了。在较长的一段时间里，戴维斯真的不去理会那对乌鸦了，它们竟然也没再来报复戴维斯。

戴维斯每天早上依然会被乌鸦的叫声吵醒，醒来后为了躲避乌鸦的叫声，戴维斯便和玛丽娅一起推着芬妮去散步。慢慢地戴维斯发现，每天早晨，他们一家人一起散步的时光竟然是如此美好，戴维斯甚至后悔当初为什么要睡那么多觉，以至于浪费了这么多用来和家人一起散步的时间。玛丽娅说，这都是因为那对乌鸦将你吵醒的结果，于是戴维斯开始喜欢起这对乌鸦来。

一个狂风暴雨的夜晚过去了，早上醒来，戴维斯竟然没有听到乌鸦的叫声。那对乌鸦夫妻可能被风雨折伤了翅膀，正低着头在树上伤神呢。而它们的两个孩子却在地上哇哇地叫着没人理睬。戴维斯当即找来梯子将两只小乌鸦小心地放回了鸦巢。很快，乌鸦又恢复了往日的活力。

有一天，戴维斯在房间里收拾东西，妻子玛丽娅在厨房里忙碌，他们的女儿芬妮则在院子里晒太阳。戴维斯突然听到院子里有乌鸦的惨叫声，原来一条蟒蛇已悄悄地接近了他们的女儿芬妮。树上的乌鸦发现后马上飞下来与蟒蛇搏斗，结果被蟒蛇所伤，戴维斯闻声赶到用猎枪结果了蟒蛇。吓得目瞪口呆的玛丽娅将芬妮抱在怀里哭了好长时间，是乌鸦救了他们的女儿！从此，他们与那对乌鸦夫妻成了好邻居好朋友，只要它们有难他们便会伸手援助，而当他们有需要的时候，它们也会帮忙。

这件事让戴维斯明白了一个道理：在生活中，我们常常会忽略自己的同事、邻居和身边的人，因为距离太近，他们有时会吵到我们，干扰我们的生活。可是，同样因为距离近，在我们需要帮助的时候，也正是因为有了他们的援助而使我们尽快摆脱了困境。也许他们的面貌不尽如人意，也许他们的性格与你不太合得来，但只要你真诚地去对待，你便会发现，他们每个人都拥有一颗火热的心！

感动微信

人是大自然的精灵，人与鸟也有心灵的交流，也有恨、爱与感恩的回报。

“后来，我总算学会了如何去爱，可是你早已远去，消失在人海；后来，终于在眼泪中明白，有些人一旦错过就不在。”很多人都喜欢这首歌，因为它唱出了大家的心声——总是在错过后才开始后悔，总是在失去后才懂得珍惜。我喜欢站在天桥上，看脚下的车来车往，一辆车来了，一辆车又走了。就像我人生的站台，一些人来了，一些人又走了。我不能挽留他们，我能做的只是真心对待他们。其实，人的一生会遇到很多人，遇见便是一种缘分，只有用心珍惜，才能使缘分更加长久。有的人可能开始的时候看起来很糟糕，最后却点亮了你心里的灯；有的人可能开始的时候不够好，最后却拂去了你心里的尘。真心对待身边的每一个人，你会发现即使严冬，也会有花香。

（李志影）

心灵佳句

问题的根源在于他不愿意和别人分享自己的成果或快乐！

有时候我们漫不经心的一句话，却足以在无形当中影响甚至改变孩子的一生！

学会与人分享

陈亦权

他是我从小玩到大的伙伴。小时候，我们住在同一条胡同里。

我们一起在村里上小学，一起在镇里读初中，一起在县城念高中，一起在省城念大学，最后又一起在这座城市里扎了根。他在一家公司里做了销售员，并且很快荣升为业务主管，而我则进入了一所小学当老师，经过几年的努力，我也幸运地被提拔为教导主任。

在升职后的次日晚上，我把他请到一个酒楼的小包厢分享自己的喜悦，他坐在我的对面，恭喜了我一番就开始长吁短叹起来，说自己时运不佳，怪这个世界世风日下、人心不古，我纳闷地细细一问，他这才告诉我，他被公司辞退了！

他既有学历又有才华，而且能言会辩，怎么会被公司辞退？接着往下聊，我才从他的描述里知道了一个大概，不过我却从中得出了另一番更加客观的结论：他一进入公司，就凭着自己的精明和横溢的才华而受到重用，年纪轻轻就负责一支人数不少的销售团队，并屡屡创造销售佳绩，公司也就不断地给他奖励。每次拿到奖金，同事们总要让他请客，他觉得这是他应得的，根本不需要和这些几乎只会拖后腿的队友们分享，所以从来没有答应过。时间一长，部门里的同事就联手，跟这位主管较劲，合力拆他的台、拖他的后腿，任你多有本事，他们就是不配合……

结果可想而知，在这种环境里，一个人想要做出成绩来，真是比登天还难！最后，无论是他的个人成就还是团队业绩都一落千丈，落得个领导责怪、同事笑话的局面，在我升职的前两天，公司把他辞退了！就这样，我这个满腹才华的朋友，无奈地离开了那个原本可以让他大展才华的公司，沦为了一个失业者。

再明显不过了，问题的根源在于他不愿意和别人分享自己的成果或快乐！可是，他为什么会这样子呢？

我不经意地想起了我们小时候的一件事：大概是我们六七岁的那年，有一次我们三四个小伙伴一起在胡同里玩耍，他从家里跑出来后，就从口袋里掏出一把大白兔奶糖分给我们吃。恰好他的父亲从这里走过，冲他喊了一句："这是我从北京带回来的呀！好东西你自己一个人吃就行了，都分给别人干啥？"他怯怯地看了父亲一眼，接着把我们手中的奶糖拿回去放进了口袋里。也是从那次开始，我几乎再也没有看见过另外那几个小伙伴和他一起玩，更没有看见过他与别人分享自己的快乐，就连我这个形影不离的伙伴也极少得到他的分享。

我不知道他对这段往事还有没有记忆，他很有可能已经不记得父亲对他说过的那句话了，但是这并不重要，重要的是他父亲的那句话，已经渗透进了他的思想，成为了他的潜意识，使他从一个愿意和别人分享快乐的人，变成了一个吃独食的人！

作为朋友，我应该努力帮助他找到自己的不足，而不是一味地怨天尤人，但同时我也感慨：作为一个父亲，我们在面对和教育自己的孩子时，真的要特别谨慎特别注意，因为有时候我们漫不经心的一句话，却足以在无形当中影响甚至改变孩子的一生！

感动微信

好东西要大家一起分享，常听家长和老师对孩子这样讲。

学会与人分享看似简单，实则是一门重要的处世哲学。不予不取，不舍不得，互惠互利，实现双赢，就是这个道理。在人的成长过程中，那些善于和别人分享成果与快乐，甚而忧愁与痛苦的人，是成长最快、意志最坚强的人。

让我们学会分享，受益一生。

（王继德）